景気把握のための

Business Economics for Business Cycles

ビジネス・エコノミクス

三上 真寛

MIKAMI Masahiro

学 文 社

まえがき

　本書は，ビジネス・エコノミクスのうち，特に日本経済の動向と景気の把握に関係する事項を概説するものである。

　「ビジネス・エコノミクス」は，経済学の中の特定の学説・学派の名称というわけではなく，経営に資するという目的で用いられる経済学の知識群の総称にすぎない。たとえば，海外のビジネス・スクールでは，Managerial Economics や Business Economics という名称の科目が数多く開講されているが，そこでは通例，前著（『市場競争のためのビジネス・エコノミクス』）のように企業の視点から市場競争に関わる事項を扱うことが多いように思われる。しかし，経営に関わる意思決定を行う際には，その背景や前提として，一国経済全体の視点から景気の動向を把握することも不可欠ではないだろうか。

　確かに景気動向や経済指標については，今や新聞・テレビやインターネットを参照すれば夥しい量の情報が即座に得られる時代となった。とは言え，情報量が増えれば増えるほど私たちは混乱しやすく，既にまとめられた二番煎じ，三番煎じの部分的かつ時に不正確な情報に囚われてしまうものである。先行きが不透明な中で全体像を把握し，1つの出来事がもたらす影響を見通すためには，マクロ経済学のような理論的な枠組みが依然として必要であるに違いない。本書に含まれている物の見方や考え方が景気把握に役立つ場面も多々あるはずだと筆者は考えている。

　本書は二部構成となっており，いずれの部でも標準的なマクロ経済学の事項を確認してから，現実の具体的な経済指標へと移る流れとなっている。しばしば経済理論は抽象的であるがゆえに敬遠され，現実との接点が見いだされる前に放棄されてしまう。そのようなことがないように，本書は経済理論と現実のギャップに留意しつつ，さまざまな経済指標をグラフにより可視化していくことで，その段差を徐々に埋めながら無理なく展開していくことを目指している。

第1部は，経済活動や景気の捉え方の議論から始まり，標準的なマクロ経済学の区分に沿って，関連する統計データを概説している。いわゆるマクロ経済循環の個々の部分を切り取って示しているため，他の部分とのつながりが見えづらいように感じられるかもしれないが，その分，話は簡潔であり，第2部において必要となる視座が得られる。本書のみで完結する記述を心がけたが，基本的な事項についての詳細な説明やIS-LM曲線，AD-AS曲線などの理論については，マクロ経済学の入門書（たとえば，拙著『マクロ経済学：基礎へのアプローチ』など）を参照して頂ければ幸いである。

　第2部は，第1部を前提として，経済政策や国際経済に関わる事項をとりあげている。決して関連する経済統計のすべてを網羅するものではないが，特に第1部で説明した概念や指標を用いて説明が可能なテーマを中心にとりあげている。第2部は第1部に比べれば馴染みのある内容に感じられることと思うが，引き続き，基本的な理論やモデルにも触れるよう構成している。財政政策や金融政策の効果など，直感的な理解では不十分になりやすい点については，あえて数式や記号による表現を残した。必要な数学的知識は最小限となるように心がけたが，適宜，巻頭の記号一覧を参照して頂きたい。

　本書は経営や経済に関心のある多くの方に手に取って頂ければと願っているが，大学の授業の教科書として使うこともできるように，各章末には計算問題を付した。また，各種の統計についてはできるだけ新しいデータを掲載するよう努めたが，読者は本書の図表をもとにその後の推移を想像しながら，自らその先の動向を調べて確認することができよう。執筆にあたっては明快さと正確さを期したが，この2つはしばしば相反することがあるので，各テーマを専門とする研究者から見ても，経済解説のプロフェッショナルから見ても，目に余る箇所が多々あるかもしれない。ご指摘は甘んじて受けて将来の改訂に活かしていきたいが，ひとまずは筆者なりの試みとしてご寛恕頂ければ幸いである。

　　2022年9月

　　　　　　　　　　　　　　　　　　　　　　　　　三　上　真　寛

目　次

第1部　マクロ経済循環と景気動向

第2部　日本の経済政策と景気動向

記号一覧

Δ (*delta*)	変化量，増分
C (*consumption*)	消費
C (*cash currency*)	現金通貨（第7章のみ）
c_1 (*marginal propensity to consume*)	限界消費性向
D (*deposit currency*)	預金通貨（第7章のみ）
EX (*export*)	輸出
G (*government expenditure*)	政府支出
H (*monetary base; high-powered money*)	マネタリーベース
I (*investment*)	投資
IM (*import*)	輸入
k (*Marshallian k*)	マーシャルのk（第8章のみ）
M (*money stock; quantity of money*)	マネーストック，貨幣量
P (*price level; price*)	物価，価格
Q (*quantity*)	数量（第8章のみ）
R (*reserve*)	預金準備（第7章のみ）
S (*savings*)	貯蓄
T (*tax*)	税金
T (*transaction volume*)	取引量（第8章のみ）
V (*velocity of circulation*)	流通速度（第8章のみ）
Y (*yield*)	所得水準，生産水準，生産額
$\equiv$ (*identical to*)	恒に等しい

第1部
マクロ経済循環と景気動向

第1章

経済活動の測定

1. フローとストック

経済循環

　最初に一国の経済活動を把握するうえで最も重要なマクロ経済循環を見てみよう（図1-1）。一国経済の全体は4つの部門から成り立っている。家計部門，企業部門，政府部門，海外部門である。

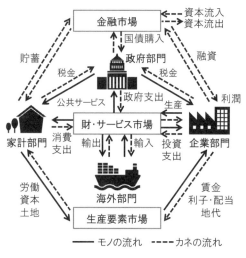

図1-1　マクロ経済循環

　そして，4つの部門を結ぶように3つの市場がある。財・サービス市場では，企業が生産した財・サービスが供給され，その財・サービスを誰かが買っていく。その支出は，家計が買うと消費支出と呼ばれ，企業が買うと投資支出と呼ばれ，政府が買うと政府支出と呼ばれる。海外が買うといわゆる輸出になり，

それと逆向きの輸入がある。金融市場では，資金が余っている部門が貯蓄し，資金が足りない部門が貸出（融資）を受ける。政府が発行した国債を金融機関が購入する。そして，海外との間でも資本の流出入がある。生産要素市場では，生産要素（生産に必要な労働，資本，土地）が取引される。特に重要なのは労働市場であり，家計が労働を提供し，企業が賃金を支払う。また，政府の財源は国債だけではなく，税金を徴収し，その代わりに公共サービスや社会保障を提供している。

　以上がマクロ経済循環の全体像である。この図の中に示されている矢印は，すべてモノの流れかカネの流れであるので，一国経済を把握するためには「フロー」を測ることになる。

フロー指標とストック指標

　フロー指標とは，ある期間について測定される指標であり，1年間，四半期，1ヶ月などの期間で測定される。過去から蓄積されてきた結果ではなく，ある一定の期間内に流れた財貨の数量を示すにすぎない。たとえば，国内総生産（GDP）とその内訳の項目は，通常，四半期や1年間と期間を決めて測っているのでフロー指標である。あるいは財政収支，貿易収支，経常収支などの収支も，期間を決めてその範囲で赤字か黒字かを測っているので，やはりフロー指標である。

　それに対してストック指標とは，ある時点について測定される指標であり，年末，年度末，四半期末などの時点で測定される。これは現在の動きではなく，過去から蓄積されてきた結果，ある一時点に存在している財貨の数量を示す。たとえば貨幣量（マネーストック）は，経済全体のお金の総量のことであるが，ある一時点にどのくらいの貨幣が存在するかを測るのでストック指標である。また，国債累計発行額，政府債務残高，対外資産負債残高，家計貯蓄累計額，国民総資産，国富などもすべて，プラスのものかマイナスのものかはさておき，蓄積された結果なのでストック指標である。

　たとえば，図1-2のような水槽を想像してみよう。この水の量を測る方法は

図1-2　フローとストック

2通りある。1つは水槽の中に溜まっている水の量に注目してそこを測る方法である。もし目盛りが付いていれば，一瞬で何リットルであるか分かるかもしれない。一時点で測っているので，これはストックの測り方である。もう1つは，上の蛇口から入ってくる水や下の蛇口から出ていく水の量を測る方法である。流れているものは一瞬では測れないので，始まりと終わりの時点を決めなければならない。たとえばストップウォッチを持ち，スタートしてストップするまでで測る，あるいは1分間，1ヶ月，四半期，1年のような期間を決めて測るとすれば，それはフローの測り方である。[1]

国内総生産

　フロー指標の例を1つ挙げるとすれば，最も重要なものは国内総生産（GDP）であろう。国内総生産は，国連統計委員会が定める国民経済計算体系（SNA）の中で定義されており，日本が現在採用しているのは2008SNAというバージョンである。国民経済計算体系において，国内総生産は，ある国の国内である特定の期間（通常，1年間または1四半期）に生産されたすべての財・サービスの付加価値の総額を示す。ある特定の期間，1年間または1四半期（3ヶ月間）の始めと終わりを決めて測っているので，先ほどのフローとストックの区別からするとフロー指標なのである。過去からの蓄積を示すものではなく，ある期間

---

1) 図1-1の財・サービス市場を例にとれば，新たな財・サービスをもたらす生産と輸入がインフロー（ストックの増加），それを費やす消費・投資・政府支出・輸出がアウトフロー（ストックの減少）である。ただし，投資と政府支出の一部のフローは資本ストック（固定資本）を形成するので，その分はストックが減少しない。

の状況を表すものに過ぎないことに注意されたい。

国内総生産をもとにして，1人あたりGDPやGDP成長率が計算されることもある。1人あたりGDPは，ある国の国内総生産をその人口で割った額である。後述のように，GDPは生産された付加価値の大きさである一方で人々の所得でもあるので，人口で割るとおおよそ1人あたりの生活水準が示される。他方，GDP成長率は，国内総生産の前年比の変化率であり，一国のおおよその経済成長の速度を示す。GDPはフローであるから，元より一定期間での伸びを測っていることになるが，さらに期間と期間の間で伸び率を測るということは，長い歴史の中で見ればほんの一瞬の瞬発力のような変化を捉えていることになる。過去からの蓄積で国力を見たいような場合には，別途何らかのストック指標を用いなければならない。

表1-1は2020年の世界のGDP上位15ヶ国のデータである（GDPの作成には時間がかかるため，本書の執筆時点では，2020年のデータが最新である）。比較のためにすべて当時の為替レートで米ドルに換算してあるので，為替レート次第で

表1-1　世界のGDP上位15ヶ国（2020年）

国名	名目GDP （百万USドル）	1人あたり名目GDP （USドル）	実質GDP成長率 （％）
1. アメリカ合衆国	20,893,746	58,148	−3.4
2. 中国	14,722,800	10,166	2.3
3. 日本	5,057,758	34,637	−4.6
4. ドイツ	3,846,413	40,992	−4.6
5. イギリス	2,764,197	42,455	−9.7
6. インド	2,664,748	1,849	−7.3
7. フランス	2,630,317	35,700	−7.9
8. イタリア	1,888,709	28,857	−8.9
9. カナダ	1,644,037	42,391	−5.3
10. 韓国	1,637,895	31,674	−0.9
11. ロシア	1,483,497	9,704	−3.0
12. ブラジル	1,444,733	8,229	−4.1
13. オーストラリア	1,423,472	53,244	1.4
14. スペイン	1,281,484	25,254	−10.8
15. メキシコ	1,073,438	8,921	−8.3

出所：United Nations Statistics Division, "National Accounts Main Aggregates Database"

は若干の順位の変動もあり得る。日本のGDPは2009年までは世界で第2位であったが，2010年以降は第3位となっている。表中で注目すべき点として，BRICsと呼ばれる4ヶ国（ブラジル，ロシア，インド，中国）は，かつては経済成長目覚ましいとされた国々であるが，GDPを人口で割った1人あたりGDPで見ると，表中の他の国ほど大きくない。また，成長率については，2020年は新型コロナウイルス感染症の影響により多くの国でマイナス成長を記録し，プラスの中国を含むBRICs諸国についても減速していたことが窺える。成長率は，前年よりもGDPが大きくなければプラスになることさえないので，いかなる経済大国であれ，高い成長率を維持し続けることは容易ではない。

因みに，2020年の世界のGDPの合計は約85兆ドルである。表1-1によれば，アメリカのGDPは約21兆ドルであるので，第1位のアメリカだけで世界で1年間に生み出された付加価値の4分の1近くを生み出していることになる。そして，たとえば第1位のアメリカから第3位の日本までを合計すると約41兆ドルとなるので，世界で1年間に生み出された付加価値の半分近くを上位3ヶ国で生み出していることになる。また，第1位から第15位までの国々を合計すると約64兆ドルとなり，世界で1年間に生み出された付加価値の4分の3以上を占めてしまう。これは生産が多いだけでなく，所得も多いということであるので，表1-1は，世界で生み出されている富のほとんどがこれらの先進国で生み出され，富が偏っているということも暗に示している。

包括的富指標

他方，ストック指標の例としては，たとえば，国連環境計画（UNEP）などにより作成されている包括的富指標（IWI）がある。報告書の出版年により測定方法が異なる点もあるが，包括的富指標は，ある国のある特定の時点（通常，年末）に存在するすべての資本資産の潜在価値を示す指標である。人工資本，人的資本，自然資本という3種類の資本を測定している。人工資本は，道路，建物，港，機械，設備のような資本資産である。人的資本は，個々人の中に体現し，個人的，社会的，経済的な構成を促す知識，スキル，能力，属性であ

る。自然資本は，自然の中で直接または生産過程を通じて人間に幸福をもたらすことができるものすべてとされている。このようにして，ありとあらゆる資本のストックを測ろうとするのが包括的富指標である。

　表1-2は，2014年の世界のIWI上位15ヶ国を示している（本書の執筆時点では，最新の報告書が2018年版であり，そのデータは2014年のものである。GDPのような確立された指標に比べれば未だ発展途上であり，毎年更新されるような状況には到っていない）。これを見ると，1位はインド，2位はアメリカ，そして中国，ナイジェリアと続き，日本は5位である。日本の包括的富は約36兆ドルであり，1人あたりにすると約28万ドルと推定されている。また，いずれも大国であるBRICs諸国や自然豊かな途上国が上位に入っていることも目を引く。ただし，この2014年のデータにおいても包括的富が測定，推定されているのは140ヶ国についてのみである。日本政府が認めている国は世界で196ヶ国，国連に加盟している国は193ヶ国であるので，GDPのようにすべての国について推計が得られているわけではないことに注意が必要であろう。

表1-2　世界のIWI上位15ヶ国（2014年）

国名	IW （百万USドル）	1人あたりIW （USドル）	IW成長率 （％；1990～2014年平均）
1. インド	465,400,000	359,000	13.3
2. アメリカ合衆国	88,166,000	276,000	17.4
3. 中国	60,253,000	44,000	20.8
4. ナイジェリア	49,966,000	281,000	23.0
5. 日本	36,085,000	284,000	11.2
6. ロシア	28,491,000	198,000	2.0
7. ドイツ	23,091,000	285,000	8.9
8. ウガンダ	20,789,000	550,000	32.8
9. モザンビーク	20,599,000	757,000	25.5
10. タンザニア	17,857,000	345,000	27.8
11. ウクライナ	16,308,000	360,000	− 4.6
12. フランス	14,733,000	222,000	16.1
13. ジンバブエ	14,264,000	936,000	9.9
14. バングラデシュ	14,088,000	89,000	15.1
15. ブラジル	13,407,000	65,000	5.7

出所：Managi, S. and Kumar, P. (ed.), *Inclusive Wealth Report 2018*

2. GDPを理解する

「総」と「純」

次にGDPを理解するうえで重要な事項を確認していこう。

まず，「国内総生産」の「総」という字は，「すべて（の生産された財・サービスの付加価値）」という意味ではなく，「純（net）」と対比される意味での「総・粗（gross）」である。これはGDPのうち固定資本減耗と呼ばれる部分に関係している。財を生産するときには，原材料や中間品などのほかに建物，設備，機械などの固定資産も使用されている。それらの固定資産は，1回の生産で消滅することはないが，生産に使われている限り，少しずつ磨り減ったり壊れたりしつつ，生産に貢献している。そのような摩損，損傷，滅失による価値の喪失分を捉えるとすれば，生産の付加価値から除いて考えなければならない。この固定資本減耗の部分を除いて計算した値が「国内純生産（NDP）」であり，除かないままの値が「国内総生産（GDP）」である。厳密に考えれば国内純生産の方が正確であるが，多くの場合，推計しやすい国内総生産が用いられている。

図1-3は，日本の国内総生産と国内純生産，つまり，グロスとネットの両方

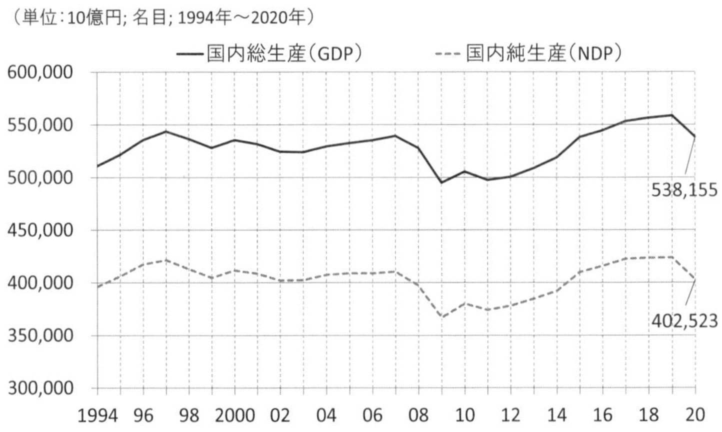

（単位：10億円; 名目; 1994年〜2020年）

図1-3 日本の国内総生産と国内純生産

出所：内閣府「国民経済計算年次推計」

を示している。固定資本減耗を含んでいる国内総生産の方が，それを除いた国内純生産よりも大きいことが確認できる。国内総生産と国内純生産の差，グラフでは国内総生産と国内純生産の間の部分が固定資本減耗であり，その大きさは100兆円を超えると推計されている。日本国内でさまざまな財・サービスが生産されていく一方で，実はこれだけの建物，設備，機械が摩損，損傷，滅失しているということである。

「国内」と「国民」

　国内総生産に対して，国民総所得という指標もある。「国内（domestic）」と付く場合は，生産者がその国の居住者か否かにかかわらず，生産が行われた地理的場所（国の領土）に基づいて測定した値であることを意味する。たとえば，日本の国内総生産は，日本国内で非居住者（海外の人や企業）によって行われた生産を含むが，日本国外で居住者（日本の人や企業）によって行われた生産は含まない。他方，「国民（national）」と付く場合は，生産が行われた地理的場所（国の領土）にかかわらず，生産者がその国の居住者か否かに基づいて測定した値であることを意味する。たとえば，日本の国民総所得は，日本国外で行われた生産から居住者（日本の人や企業）が受け取った所得を含むが，日本国内で行われた生産から非居住者（海外の人や企業）が受け取った所得は含まない。

　かつては日本でも国内総生産（GDP）の代わりに国民総生産（GNP）が用いられていたが，現在は上記のように生産については国内総生産，所得については国民総所得が用いられることが多い。景気や生産水準を知りたいときには，自国の中で生産が行われてさえいれば，それが自国の居住者か否かはさほど関係がないので，国内概念が適している。他方，所得を知りたいときには，誰の所得であるかが問題となるので，国民概念が適しているからである。国境を越えた企業活動が増えた結果，一国の生産を企業の国籍に結びつけて捉えることは現実にそぐわなくなったが，国内で行われた生産による所得を海外に送り，また海外で行われた生産による所得を国民が受け取ることは増えている。

（単位：10億円; 名目; 1994年〜2020年）

出所：内閣府「国民経済計算年次推計」

図1-4　日本の国内総生産と国民総所得

　図1-4は日本の国内総生産と国民総所得の推移を示している。国内総生産と国民総所得を比べると国民総所得の方が大きく，その差は海外で生産を行ってそこから受け取っている所得である。これを「海外からの要素所得の純受取」と言う。要素所得（生産要素に対して払われる所得）とは，海外から来て働いた人の労働に対して払われる賃金，資本に対して払われる利子や配当，技術料などである。そのような要素所得に注目すると，もちろん，海外の企業が日本で生産を行って，日本から海外に支払われている所得もあるが，その逆の日本が海外から受け取っている所得の方が多いということである。

「名目」と「実質」

　そして，時間が関わってくると重要になるのが，「名目（nominal）」と「実質（real）」の区別である。「名目」と付く場合は，その時々の市場の現行価格で測定された値であるということを意味する。たとえば，名目GDPは，各年の価格と数量（生産量）を用いて計算されるが，これでは物価変動が生じると値の大きさがいかようにも左右されてしまう。まったく同じものを同じ数量だけ生産していた年も，物価が2倍になればGDPは2倍になり，物価が2分の1にな

ればGDPは2分の1になるので，経済活動の水準を正しく捉えられない。

　そこで，物価変動の影響を取り除いた価格を用いて測定される値が「実質」である。たとえば，実質GDPは，基準とする年で固定した価格と各年の数量（生産量）とを用いて計算されるので（基準年固定価格方式の場合），物価変動が生じても値の大きさが左右されない。したがって，物価が多かれ少なかれ異なる年の間でも生産量の水準を適切に比較することが可能となる。時系列での比較や成長率の計算をする（少なくとも2年分のデータを使う）ときのように時間が関わる場合には，名目値ではなく実質値を用いる方が適切である。

　名目GDPと実質GDPの両方が分かれば，GDPデフレーターという物価指数を計算できる。GDPデフレーター$= \dfrac{\text{名目GDP}}{\text{実質GDP}} \times 100$であり，物価変動を含むGDPと物価変動を取り除いたGDPを用いることで，物価変動の部分だけを取り出すことができる[2]。ただし，GDPをもとに計算されていることから，この物価指数は，国内で生産されたすべての財・サービスについての一般物価水準を示す指標であることに留意されたい。

　図1-5は日本の名目GDP，実質GDPとGDPデフレーターの推移を示している。名目GDPは先ほどまで見ていたGDPと同一である。名目GDPと実質GDPを比べると，名目GDPの方が大きい年と実質GDPの方が大きい年がある。ここでは物価を計算する基準となる基準年が2015年であるので，名目GDPよりも実質GDP（物価変動を取り除いたGDP）が小さい範囲は，2015年よりも物価が高く，実質的には名目GDPより生産が少ないことを意味する。他方，名目GDPよりも実質GDPが大きい範囲は，2015年よりも物価が低く，実質的には名目GDPよりも生産が多いことを意味する。

　以上のことはGDPデフレーターの推移を見ると確認できる。基準年である2015年のGDPデフレーターはちょうど100になっている。名目GDPの方が実質GDPより大きい1994年から2009年，2016年から2020年の期間を見ると，GDP

2）この式を用いれば，GDPデフレーター，名目GDP，実質GDPのうちいずれか2つが分かるとき，残りの1つを計算で求めることができる。たとえば，名目GDPが450兆円，GDPデフレーターが125兆円であるとき，実質GDP$= \dfrac{\text{名目GDP}}{\text{GDPデフレーター}} \times 100 = \dfrac{450}{125} \times 100 = 360$兆円である。

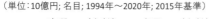

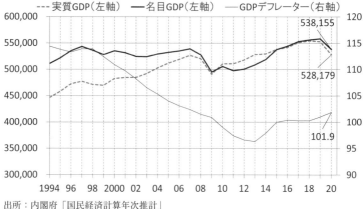

出所：内閣府「国民経済計算年次推計」

図1-5　日本の名目GDPと実質GDP

デフレーターの値が100を上回っていることから，2015年よりも物価が高い。他方，2010年から2014年の期間を見ると，GDPデフレーターの値が100を下回っていることから，2015年よりも物価が低い。このようにGDPデフレーターの値を見れば，物価が基準年よりも高いか低いかを知ることができる。

日本のGDP成長率

　以上で登場した実質GDPが分かれば，それを使ってその前年比の変化率，いわゆる経済成長率を計算できる。図1-6は，戦後の日本経済における経済成長率の推移を4つの期間に分けて示している。戦後復興期，高度経済成長期，安定成長期，そして失われた20年，30年と言われる時代である。高度経済成長期には平均9.2％あった成長率は，安定成長期には平均4.2％となり，バブル崩壊以降は平均0.7％の成長に留まっている。このようにして平均をとるのは，成長率が前年比の変化率に過ぎないからである。GDPはフロー指標なので，その年の状況により値が大きく変動し得る。何か大事件があれば前年比で著しいマイナス成長になることもあり，その直後の年は平時の状態に戻っただけであっても前年比で相当のプラス成長になり得る。時折，新聞・テレビやインターネット

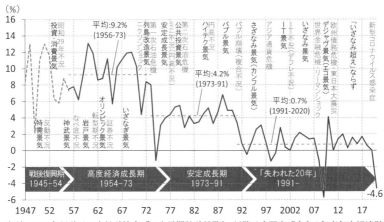

出所：1956年以前は日本統計協会『日本長期統計総覧』、以降は内閣府「令和3年度年次経済財政報告」

図1-6　日本のGDP成長率（1947～2020年）

等のメディアにおいては、前年比や前四半期比の成長率だけが目立ってしまうこともあるが、本来はその前後も含めて平均化した見方をしなければ実際の水準を誤って認識してしまう恐れがあろう。[3]

　他方で、これらの4つの期間の中でも短期的な景気の浮き沈みがある。図1-6に黒色文字で示されているのが主な好況期、灰色文字で示されているのが主な不況期である。1990年代以降の失われた20年、30年と言われてきた時代においてさえ、当然ながら景気が良い期間もあり、特に「いざなみ景気」は戦後最長の景気回復期間として、緩やかな回復がずっと続いていたとされている。なお、2012年から2018年頃まで続いた景気は、期間の長さが「いざなみ景気」を超えるのではないかと言われていたが、最近の景気判断によれば「いざなみ

3）　しばしば、今期のGDP成長率をもとにして、より長期の見通しが計算されることもある。たとえば、1年間で2％の成長（つまり102％であり1.02倍）が10年間続くと、$(1.02)^{10}=1.2189\cdots$であることから、GDPは10年間で約21.89％上昇することになる。また、GDPは四半期別の速報値も計算・公表されている。四半期（3ヶ月間）で1％の成長（つまり101％であり1.01倍）が1年間（12ヶ月間）続くと、$(1.01)^{4}=1.0406\cdots$となることから、GDPは1年間で約4.06％上昇することになる。新聞・テレビ等で年率換算の成長率が報道された際には、このような仕組み、仮定に基づく数値であることにも注意したい。

景気」を超えていなかったという判断が下されている。「いざなみ超え」と呼ばれていたこの好況期には何か別の通称が定着していくことになろう。

3. GDPの3つの側面

生産面から見たGDP

　では，GDPの内訳を3つの側面から詳しく見ていこう。まずは生産面から見たGDPである。図1-7はどの産業でどのくらいの付加価値が生み出されているか，誰が生産活動を行っているかを示している。特に注目すべき点として，日本はものづくりの国と言われることもあるが，現在は製造業は20%程度である。1950年代には製造業が30%程度を占めていたが，シェアとしては徐々に縮小し，今ではいわゆる第3次産業が全体の多くを占めている。ただし，輸出や他の産業への波及効果等を考えれば，製造業が日本経済を牽引している側面もあり，全体に占めるシェアが小さいからといって決して軽んじてよいとい

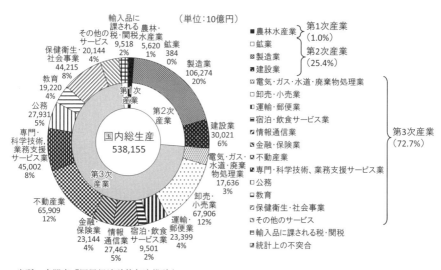

出所：内閣府「国民経済計算年次推計」

図1-7　日本の生産面から見たGDP（2020年）

表1-3 諸外国の生産面から見たGDP（2020年）

国名	農業,狩猟,林業,漁業(%)	鉱業,製造業,電気・ガス・水道業(%)	建設業(%)	卸売・小売業,飲食・宿泊業(%)	運輸・倉庫業,通信業(%)	その他サービス業(%)
日本	1.1	23.6	5.4	15.4	10.3	44.3
カナダ	1.9	18.1	7.6	12.7	7.8	51.9
中国	8.0	30.8	7.2	11.0	7.8	35.2
フィンランド	2.8	20.3	7.5	10.3	10.1	49.0
フランス	1.8	13.2	5.2	12.7	9.5	57.5
ドイツ	0.8	23.4	5.8	11.4	9.3	49.2
オランダ	1.8	14.5	5.4	16.0	9.6	52.7
韓国	2.0	29.7	5.9	9.7	8.1	44.6
スペイン	3.4	16.1	6.2	16.4	7.2	50.6
タイ	8.6	30.4	2.7	20.9	7.7	29.7
イギリス	0.6	13.1	5.8	12.6	9.6	58.3
アメリカ	0.8	13.7	4.3	14.1	10.4	56.7

出所：United Nations Statistics Division, "National Accounts Main Aggregates Database"

うことではない。

　表1-3は日本だけでなく諸外国の例についても示している。これを見ると，たとえば中国やタイは表中の他国と比べると第1次産業の比重がやや高めであること，そして第2次産業の比重も中国，韓国，タイなどが他国よりも高いということは言えるが，全体の傾向としては第3次産業の比重が高くなっている。一国経済が発展していくときには通常，第1次産業よりも第2次産業，第2次産業よりも第3次産業の比重が高まっていくとされており，これを産業の高度化と言う。

分配面から見たGDP

　図1-8は分配面から見たGDPである。先ほど見た付加価値に対して誰かがお金を払い，すると誰かの所得になっていくという観点から捉えたもの，つまり，国内総生産（GDP）を所得として捉えた国内総所得（GDI）である。これを見ると，まず52%，半分以上が雇用者報酬であり，被雇用者つまり従業員に対する報酬，給与になっている。次に13%が営業余剰・混合所得，これは法

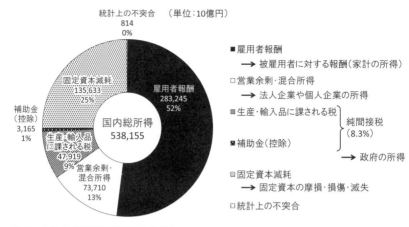

出所：内閣府「国民経済計算年次推計」

図1-8　日本の分配面から見たGDP（2020年）

人企業や個人企業の所得になる部分である。そして，生産・輸入品に課される
税と補助金である。補助金は税の逆，つまり，政府が徴収するのではなく交付
するので，税から引き算して考えると，純間接税が8.3％である。そして残り

表1-4　諸外国の分配面から見たGDP（2020年）

国名	雇用者報酬（%）	営業余剰・混合所得（%）	生産・輸入品に課される税（%）	補助金（%）	固定資本減耗（%）	統計上の不突合（%）
日本	52.6	13.7	8.9	0.6	25.2	0.2
カナダ	52.5	22.4	12.2	4.9	17.7	0.0
中国	−	−	−	−	0.0	−
フィンランド	46.4	22.2	14.1	2.1	19.4	0.0
フランス	51.9	14.6	17.2	3.8	20.1	0.0
ドイツ	54.9	17.4	10.5	2.3	19.6	0.0
韓国	47.5	22.0	10.5	0.7	20.7	0.0
オランダ	50.3	24.6	12.7	5.0	17.4	0.0
スペイン	48.5	25.1	11.5	2.4	17.3	−
タイ	−	−	−	−	−	−
イギリス	52.5	24.9	11.8	5.6	16.1	0.4
アメリカ	55.4	24.6	7.3	3.6	17.1	− 0.8

出所：OECD, "Annual National Accounts"

の大きな部分は、先ほど触れた固定資本減耗であり、固定資本の摩損・損傷・減失分が全体の25％、100兆円以上あることが確認される。残りは統計上の不突合、つまり、統計を作成する際に不可避的に生じる差異の部分である。

諸外国について分配面から見たGDPの内訳を示すと表1-4のようになっている。注目すべき点としては、いずれの国においても40～50％程度は雇用者報酬、つまり働いている人の給与に回っていること、そして、生産・輸入品に課される税は日本とアメリカがやや少なめであることが挙げられる。固定資本減耗は日本では25.2％であり、豊富な資本ストックを反映してのことではあるが、他の先進国と比べても特に大きな比率を占めている。

支出面から見たGDP

最後に支出面から見たGDPである。図1-9は生産された付加価値に誰がお金を支出しているか、誰が買っているかという観点から捉えたもの、国内総生産（GDP）を支出から捉えた国内総支出（GDE）である。これを見ると、GDPの53％、半分以上は民間最終消費支出、つまり、消費であり、家計が買って

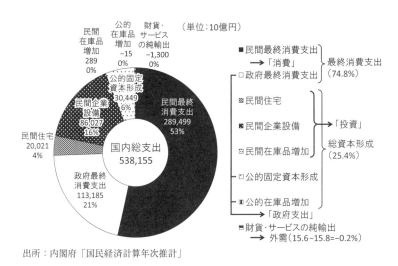

出所：内閣府「国民経済計算年次推計」

図1-9　日本の支出面から見たGDP（2020年）

いる。次に多いのは21％の政府最終消費支出であり，政府が買っている。そして，4％は民間住宅である。住宅は，家計の買い物ではあるものの，企業の生産設備と同じように何年，何十年も使われるものであるため，消費ではなく投資とみなされる。次が民間企業設備，いわゆる企業の設備投資の部分であり，16％を占める。また，全体から見ればわずかであるが，民間在庫品増加は，企業が原材料や部品や中間品など生産のために必要とする在庫，あるいは完成品などの在庫の増加であり，これも投資の一部である。公的固定資本形成6％は政府による公共事業などで，建物やインフラなどが作られた場合にここに入る。そして，公的在庫品増加は政府が保有する在庫品の増加であり，全体として減少したときにはマイナス，増加したときにはプラスの値となる。最後は財貨・サービスの純輸出，つまり，輸出マイナス輸入であり，これは海外からの需要（外需）を示す。

　以上のようにGDPの総額に対しては誰かが必ず支出していることになって

表1-5　諸外国の支出面から見たGDP（2020年）

国名	家計消費支出 (%)	一般政府最終消費支出 (%)	総固定資本形成 (%)	在庫品増加 (%)	財・サービスの輸出 (%)	財・サービスの輸入 (%)
日本	53.4	21.1	25.3	0.2	15.5	15.5
カナダ	57.4	22.6	23.0	−0.9	29.0	31.0
中国	38.4	16.4	42.9	0.7	18.5	15.9
フィンランド	51.1	24.4	24.2	0.2	36.2	35.8
フランス	53.1	25.1	23.0	0.8	27.9	29.9
ドイツ	50.7	22.4	22.0	−0.8	43.4	37.7
オランダ	41.9	26.0	21.3	0.4	77.9	67.4
韓国	46.4	18.1	31.1	0.7	36.4	32.8
スペイン	56.0	21.9	20.3	0.4	30.6	29.1
タイ	52.9	17.7	23.1	0.8	51.4	46.5
イギリス	60.9	22.3	17.2	−0.4	27.9	27.7
アメリカ	67.2	14.7	21.4	−0.3	10.2	13.3

出所：United Nations Statistics Division, "National Accounts Main Aggregates Database"

いる。当然ながら生産したものは売れ残ることもあるが，あたかも生産したものが必ず売れているかのように見えるのは，売れ残りにより仕方なく抱える在庫（意図せざる在庫）も在庫品増加の中に含まれているからである。売れ残ったものも将来のための投資（意図した在庫）と同じように扱われるため，あたかも生産されたすべてのものが売れ，総供給と総需要が一致しているように見えるのである。

表1-5は，支出面から見たGDPを諸外国について示している。家計消費支出を見ると，特に比重が小さいのは中国である。中国において比重が大きいのは総固定資本形成であり，実はその内訳を調べてみると政府による投資の部分が非常に大きく，突出している。他方，家計消費支出の比重が大きいのはアメリカである。また，オランダのように日本よりも輸出入への依存度が高い国も多いことが見てとれる。

三面等価

以上で確認したように，GDPは生産・分配・支出の3つの側面から見たときに必ず等しくなる。まず，すべての生産された付加価値は必ず誰かの所得として分配され（生産面＝分配面），家計の所得か企業の所得か政府の所得になる。家計の所得は賃金か利子・配当か地代である。その行き先をマクロ経済循環（図1-1）で辿ってみれば，消費に使うか，貯蓄するか，政府に税金として払うかの3通りである。企業の所得は，家計に賃金等を支払った後で考えると，利潤を貯蓄しておくか，税金として政府に払うかの2通りである。そして，政府の所得は税金である。したがって，GDPの全体は巡り巡って考えると，消費と貯蓄と税金の合計になるはずである。これをアルファベットで表すと，次式が得られる（記号については巻頭の記号一覧参照）。

$$\underset{\text{GDP}}{Y} \equiv \underset{\text{消費}}{C} + \underset{\text{貯蓄}}{S} + \underset{\text{税金}}{T}$$

他方，すべての生産された付加価値に対して必ず誰かが支出をしているので

（生産面＝支出面），マクロ経済循環（図1-1）における財・サービス市場の需要側を考えるか，あるいは支出面から見たGDP（図1-9）の内訳を考えると，次式が得られる。

$$\underset{\text{GDP}}{Y} \equiv \underset{\text{消費}}{C} + \underset{\text{投資}}{I} + \underset{\text{政府支出}}{G} + \underset{\text{輸出}}{EX} - \underset{\text{輸入}}{IM}$$

なお，この式はフローとストックの説明をした際の水槽の図（図1-2）のインフローとアウトフローの関係を示す式でもある。IM（輸入）を式の右辺から左辺に移すと，左辺がインフロー，右辺がアウトフローとなる。

以上のことからGDPは3つの面のいずれから見ても常に等しくなる（生産面≡分配面≡支出面）という三面等価の原則が成り立つ。

4. 国民経済計算体系

SNAの概念図

最後に，国民経済計算体系のGDP以外の指標についても少しだけ触れておこう。図1-10は国民経済計算体系のさまざまな指標の関係を表す概念図である。本章では国内総支出（GDE），国内総生産（GDP），国内純生産（NDP），国民総所得（GNI）が登場したが，その他の指標の中にはこの図をもとに計算できるものもある[4]。

なお，政府は生産物に間接税を課したり補助金を出したりするため，生産物の市場価格はその分高くなったり低くなったりする。図1-10中の「市場価格表示」とは，市場価格に含まれている純間接税（＝間接税－補助金）の部分を除かずにそのまま表示する方法である。他方，「要素費用表示」とは，市場価格

---

4) たとえば，国内総生産が450兆円，固定資本減耗が100兆円，海外からの要素所得の純受取が25兆円であるとき，三面等価の原則により国内総所得と国内総支出も450兆円である。また，国内純生産は国内総生産から固定資本減耗の部分を除いて，450-100=350兆円である。国民総所得は国内総生産に海外からの要素所得の純受取の部分を加えて，450+25=475兆円である。

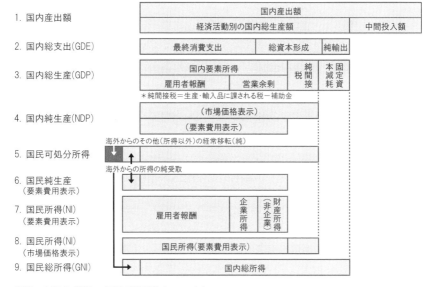

	国内産出額				
1. 国内産出額	経済活動別の国内総生産額				中間投入額
2. 国内総支出 (GDE)	最終消費支出		総資本形成		純輸出
3. 国内総生産 (GDP)	国内要素所得		純間接税	固定資本減耗	
	雇用者報酬	営業余剰			

＊純間接税＝生産・輸入品に課される税－補助金

4. 国内純生産 (NDP)	（市場価格表示）
	（要素費用表示）

海外からのその他（所得以外）の経常移転（純）

5. 国民可処分所得	

海外からの所得の純受取

6. 国民純生産
　（要素費用表示）

7. 国民所得 (NI) （要素費用表示）	雇用者報酬	企業所得	財産所得（非企業）

8. 国民所得 (NI) （市場価格表示）	国民所得（要素費用表示）

9. 国民総所得 (GNI)	国内総所得

出所：内閣府「新しい国民経済計算（93SNA）」

図1-10　国民経済計算体系の概念図

から純間接税の部分を除いて生産要素に対する支払い分だけを表示する方法である。

《**計算問題**》

・経済成長率2％の成長が10年間続いたとき，GDPは何％上昇するか。切り捨てにより小数点以下第2位まで求めなさい。（ヒント：注3）

（答え：21.89％）

・経済成長率9％の成長が10年間続いたとき，GDPは何％上昇するか。切り捨てにより小数点以下第2位まで求めなさい。

（答え：136.73％）

・ある四半期（3ヶ月間）の実質GDP成長率が前期比1％のとき，年率換算では何％の成長に相当するか。切り捨てにより小数点以下第2位まで求めなさい。（ヒント：注3）

・ある四半期（3ヶ月間）の実質GDP成長率が前期比9%のとき，年率換算では何%の成長に相当するか。切り捨てにより小数点以下第2位まで求めなさい。

（答え：41.15%）

・名目GDPが450兆円，GDPデフレーターが125であるとき，実質GDPはいくつか。（ヒント：注2）

（答え：実質GDP＝360兆円）

・名目GDPが550兆円，GDPデフレーターが110であるとき，実質GDPはいくつか。

（答え：実質GDP＝500兆円）

・国内総生産（GDP）が450兆円，固定資本減耗が100兆円，海外からの要素所得の純受取が25兆円であるとき，国内総所得（GDI），国内総支出（GDE），国内純生産（NDP），国民総所得（GNI）はいくつか。（ヒント：注4）

（答え：GDI＝450兆円，GDE＝450兆円，NDP＝350兆円，GNI＝475兆円）

・国内総生産（GDP）が550兆円，固定資本減耗が125兆円，海外からの要素所得の純受取が50兆円であるとき，国内総所得（GDI），国内総支出（GDE），国内純生産（NDP），国民総所得（GNI）はいくつか。

（答え：GDI＝550兆円，GDE＝550兆円，NDP＝425兆円，GNI＝600兆円）

第2章
景気循環と景気動向

1. 景気動向の定義

景気と景気循環

　まず，景気動向の定義から確認していこう。景気には客観的な側面と主観的な側面がある。客観的あるいは物理的な側面とは，一国全体の経済状況に見られる周期的・規則的な動きのことを指す。これは複数の経済指標を組み合わせることによって測定される側面である。他方，主観的あるいは心理的な側面とは，人々が現在および将来の周囲の経済状況に対して抱く個人的な信念や感情のことを指す。「景気」とは，元来，雰囲気や心象風景のことを意味する言葉であるが，この側面を捉えたいときにはアンケート調査を行う。

　では2つの側面のどちらが重要かと言えば，相互に関係があり，両方とも重要である。なぜなら，主観的な側面である人々の景気に対する信念や感情も，実際に人々の行動を通じて現実の景気に影響を及ぼしていくという，自己実現的な性質を持っているからである。したがって，客観的・物理的な側面だけでなく主観的・心理的な側面も軽んじることができない。

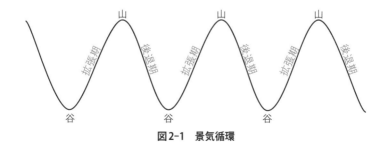

図2-1　景気循環

景気循環という言葉があるように，景気は拡張期（景気が良くなっていく時期）と後退期（景気が悪くなっていく時期）を循環的に繰り返すと言われている。景気が一番悪いときを谷，景気が一番良いときを山と呼ぶ。図2-1において，それぞれの谷から谷までが1つの景気循環であるから，図中にはおおよそ3つの景気循環が含まれていることになる。景気循環の1つの山と2つの谷が特定されれば，1つの景気循環の長さが判明する。

既知の景気循環

　景気循環の長さや原因には諸説あるが，ここでは有名なものを紹介しておこう。キチン（Joseph Kitchin, 1861-1932）が発見した景気循環は，在庫投資によって約40ヶ月周期の循環が発生するというものであり，今ではキチン循環と呼ばれている。より長い景気循環としては，ジュグラーが発見したジュグラー循環があり，設備投資によって約10年周期の循環が引き起こされるのではないかとされた。さらに，クズネッツは，住宅投資，建設投資によって約20年周期の循環が引き起こされるというクズネッツ循環を発見した。最も長い景気循環の説はコンドラチェフ循環であり，コンドラチェフは技術革新によって約40～60年周期の循環が引き起こされると主張した。[5] これらの説を見ると，在

Clément Juglar
(1819-1905)

Simon Kuznets
(1901-1985)

Nikolai Kondratiev
(1892-1938)

---

5) 以上の4つの循環をとりあげて整理したのはシュンペーターである。ヨーゼフ・A・シュンペーター著，金融経済研究所訳（1958）『景気循環論—資本主義過程の理論的・歴史的・統計的分析』有斐閣。

庫投資，設備投資，住宅建設投資，そして技術革新も研究開発投資に関係しているという意味において，すべて投資に関係している。

拡張期と後退期

　景気循環に投資が関係しているのはなぜか。景気の拡張期，良くなっていくときに何が起きるかを考えてみると，通常，消費が増える。消費が増えると，物がよく売れるということなので生産が増えるはずである。そのためには原材料や部品が購入されたり，新しい生産設備が導入されたりする，つまり，投資が増加する。そして実際に生産が増加すると，家計に支払われる賃金も増えるので，家計の所得が増える。家計の所得が増えれば，それを使った消費も増えるので，再び消費が増えていくという好循環が始まる。

　逆に景気の後退期，悪くなっていくときには消費が減少する。すると物が売れなくなるので生産が減るが，将来の生産が減っていくならば将来の生産のための投資も減っていくはずである。生産が減るとそれによって家計に支払われる賃金は減るので，家計の所得が減少する。家計の所得が減少すると，それを使った消費も減少していくという悪循環に陥る。

　このように景気循環のすべてではないが主要な部分は，需要と供給のギャップ（需給ギャップ）によって説明される。そのギャップがあるとき，供給を需要に合わせるためにまず調整されるのが投資である。したがって，投資は景気循環を理解するうえで重要な鍵となる。

戦後日本の景気循環

　表2-1は戦後日本の景気循環の一覧を示している。景気に対するもう1つの重要な視点として，景気の長さ，持続期間について確認しておきたい。この表で谷から山までの期間を計算すると拡張期の長さ，山から谷までの長さを計算すると後退期の長さになる。両方を足し合わせると，全循環，つまり，1つの景気循環全体の長さになる。表中で戦後最長の景気拡張期は，第14循環の73ヶ月，「いざなみ景気」である。以前は第16循環がこの「いざなみ景気」を超

表2-1　戦後日本の景気循環

	谷	山	谷	拡張期	後退期	全循環	備考
1		1951年 6月	1951年10月		4ヶ月		
2	1951年10月	1954年 1月	1954年11月	27ヶ月	10ヶ月	37ヶ月	
3	1954年11月	1957年 6月	1958年 6月	31ヶ月	12ヶ月	43ヶ月	
4	1958年 6月	1961年12月	1962年10月	42ヶ月	10ヶ月	52ヶ月	
5	1962年10月	1964年10月	1965年10月	24ヶ月	12ヶ月	36ヶ月	
6	1965年10月	1970年 7月	1971年12月	57ヶ月	17ヶ月	74ヶ月	いざなぎ景気
7	1971年12月	1973年11月	1975年 3月	23ヶ月	6ヶ月	39ヶ月	
8	1975年 3月	1977年 1月	1977年10月	22ヶ月	9ヶ月	31ヶ月	
9	1977年10月	1980年 2月	1983年 2月	28ヶ月	36ヶ月	64ヶ月	第2次オイルショック
10	1983年 2月	1985年 6月	1986年11月	28ヶ月	17ヶ月	45ヶ月	
11	1986年11月	1991年 2月	1993年10月	51ヶ月	32ヶ月	83ヶ月	バブル景気・崩壊
12	1993年10月	1997年 5月	1999年 1月	43ヶ月	20ヶ月	63ヶ月	
13	1999年 1月	2000年11月	2002年 1月	22ヶ月	14ヶ月	36ヶ月	
14	2002年 1月	2008年 2月	2009年 3月	73ヶ月	13ヶ月	86ヶ月	いざなみ景気
15	2009年 3月	2012年 3月	2012年11月	36ヶ月	8ヶ月	44ヶ月	
16	2012年11月	（暫定）2018年10月	（暫定）2020年5月	71ヶ月	19ヶ月	90ヶ月	「いざなみ超え」ならず

出所：内閣府「景気基準日付」，備考は筆者が補足

えるのではないかと言われていたが，その山が暫定的に2018年10月と定められたため，期間を計算すると71ヶ月となる。「いざなみ超え」にはならなかったようである。他方，目下の最長の景気後退期は36ヶ月続いた第9循環の後退期であり，これは第2次オイルショックのときである。

2. 景気動向指数

先行系列・一致系列・遅行系列

　次に景気動向指数について見ていきたい。これは景気の客観的な側面を捉えるものである。景気動向指数は，景気の現状把握と将来予測のため，景気との関連が強い3系列・全30種類（2022年現在）の経済指標をもとに内閣府が作成・公表している指数である。先行，一致，遅行という3つの系列に分かれている。
　先行系列には，一般に景気動向よりも数ヶ月先に動く傾向がある指標が集められている。たとえば，在庫率指数，新規求人数，実質機械受注，新設住宅着

工床面積，消費者態度指数，東証株価指数などが含まれており，景気の予測のために使われる。

　一致系列は，一般に景気動向とほぼ同時に動く傾向がある指標を含んでいる。たとえば，生産指数，出荷指数，商業販売額，営業利益，有効求人倍率などであり，景気の現状把握のために使われる。

　遅行系列は，一般に景気動向よりも数ヶ月遅れて動く傾向がある指標を含んでいる。たとえば，第3次産業活動指数，常用雇用指数，実質法人企業設備投資，家計消費支出，法人税収入，完全失業率，消費者物価指数などであり，景気の事後的な確認のために使われる。

　そして各系列には2種類の計算方法がある（図2-2）。1つはディフュージョン・インデックス（DI）である。構成する指標のうち改善・拡張している指標の割合を算出することによって，景気変動の方向と各部門への波及の度合いを示す。たとえば，一致系列のディフュージョン・インデックスが50％以上であれば景気の拡張期，一致系列のディフュージョン・インデックスが50％以下であれば景気の後退期を意味する。もう1つはコンポジット・インデックス（CI）である。構成する指標の動き，前月比の変化率を合成して計算することによって，景気変動の大きさとテンポ（量感），つまり，勢いや強弱を示すことができる。たとえば，一致系列のコンポジット・インデックスが上昇しているようであれば景気の拡張期，一致系列のコンポジット・インデックスが低下している

図2-2　景気動向指数

ようであれば景気の後退期と判断される。

　これらの2種類の計算方法を使うと，景気の影響の広さ（波及度合い）と景気の変化の大きさの両方を捉えることができる。したがって，景気動向指数には，先行系列のディフュージョン・インデックスとコンポジット・インデックス，一致系列のディフュージョン・インデックスとコンポジット・インデックス，遅行系列のディフュージョン・インデックスとコンポジット・インデックスというように，全6種類の指数が作成されることになる。たとえば，将来の景気の方向を予測したいときには，先行系列のディフュージョン・インデックスを見ればよい。将来を予測するためには，景気動向よりも先に動き始める先行系列を見るべきであり，なおかつ，景気の強弱・量感・大きさというよりも方向を示すディフュージョン・インデックスを見るべきだからである。

ディフュージョン・インデックス (DI)

　図2-3は，2008年以降の景気動向指数のディフュージョン・インデックスを示している。先行系列の指数である先行指数，そして一致系列の指数である一致指数，遅行系列の指数である遅行指数を示す3本の線が描かれている。たとえば2009年の拡張期を見ると分かりやすいが，3本の線のうち先行指数を示す線が最も左側，一致指数を示す線が真ん中，遅行指数を示す線が最も右側にある。つまり，これらの指数が変化するときには，まず先行指数が変化し始め，その後に一致指数が変化し始め，最後に遅行指数が変化し始めるという動き方をしている。先行指数は景気動向に先んじて動き，そして実際の景気が動いた後に遅行指数にその結果が現れ始めるという関係が見てとれる。

　ではこの図2-3において拡張期はどの部分で後退期はどの部分だろうか。ディフュージョン・インデックスの場合は50が境目になる。一致指数が50を上回っているとき，さまざまな指標のうち半分以上が拡張・改善しているということなので，その部分は拡張期とみなされる。一致指数が50を下回っているとき，さまざまな指標のうち半分以上が悪化・後退しているということなので，その部分は後退期とみなされる。

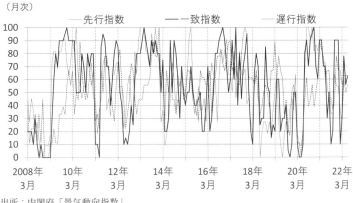

（月次）

先行指数　　　一致指数　　　遅行指数

出所：内閣府「景気動向指数」

図2-3　景気動向指数のDI

　極端なところを見てみると，たとえば2008年の後半から2009年にかけての部分では，一致指数がゼロに張り付いている。これはリーマンショックのときであり，景気動向指数に含まれているさまざまな指標のすべてが同時に悪化していたということを意味する。同様に2011年の5月頃に再びゼロになっているが，これは3.11東日本大震災の影響を受けた景気の悪化である。次にゼロになったのは2019年の末頃であり，これは米中貿易摩擦などにより世界経済が減速した時期である。そして2020年5月にゼロになったのは新型コロナウイルス感染症による景気悪化である。この図には2022年6月までが示されているが，次の数ヶ月間に景気は良くなるのだろうか，それとも悪くなるのだろうか。図からは読みとりづらいが，先行指数は55.6，つまり，景気の先行きに関係する指標のうち，5割以上が改善しており5割未満が悪化している状況である。したがって，この先の景気は改善する可能性の方が高い。

コンポジット・インデックス（CI）

　他方，図2-4は2008年以降の景気動向指数のコンポジット・インデックスを示している。こちらも先行指数，一致指数，遅行指数と3本あるが，2015年のところが100となるように調整されて指数化されている。100を上回っている

部分では2015年に比べて景気が良いこと，100を下回っている部分では2015年に比べて景気が悪いことを意味している。たとえば，2008年から2009年にかけての部分を見ると，先行指数がまず下落し始め，次に一致指数が動き始め，最後に遅行指数が動き始めていることが見てとれる。

では，この図2-4の中で景気の拡張期はどの部分で後退期はどの部分だろうか。コンポジット・インデックスの場合は数値が上昇しているか下落しているかが基準となるので，一致指数が上昇している部分はすべて拡張期，一致指数が下落している部分はすべて後退期とみなされる。

たとえば，2009年頃の急落の原因は，先ほども触れたリーマンショックである。先ほどのディフュージョン・インデックスのグラフではゼロに振り切れていたので，波及度合い，景気の方向性が最大限に悪化していたことが分かった。こちらのコンポジット・インデックスからは，リーマンショックが量的に甚大な景気悪化であったことが分かる。また，2020年5月頃の急落は新型コロナウイルス感染症による景気悪化であるが，これは量的に見て一時的にはリーマンショックにほぼ匹敵するほどの景気悪化であったことが窺える。

以上のように，景気動向指数を使えば，日本の景気の客観的な側面を分析で

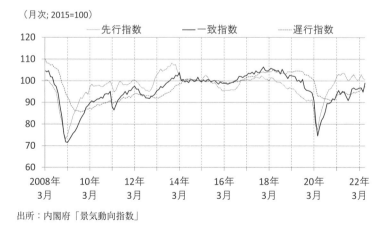

図2-4　景気動向指数のCI

きる。

OECD景気先行指数

　諸外国も含めたものとしては，OECDが景気先行指数を作成している。これは景気循環の転換点がどこにあるかを示すためのもので，景気の長期的な平均が100になるように作成されている。100を超えていれば長期のトレンドに比べて景気が良いこと，100を下回っていれば長期のトレンドに比べて景気が悪いことを意味する。ただし，各国の間で直接的に値の大小を比較できるものではないので注意されたい。一国の中で値が上昇していれば拡張期，値が下落していれば後退期である。

　では，図2-5の中で景気が拡張期にあるのはどの国か。2020年以降を見ると，新型コロナウイルス感染症が最初に猛威を振るった中国において一足先に景気後退が生じ，その後，欧米諸国でも深刻な景気後退に陥っていたことが分かる。しかし，その後，図中に示されているすべての国で景気は少なくとも一旦回復し，長期的なトレンドの100を上回る水準まで回復している。2022年6月の時点では，景気が再び悪化しつつある国もあることが見てとれる。

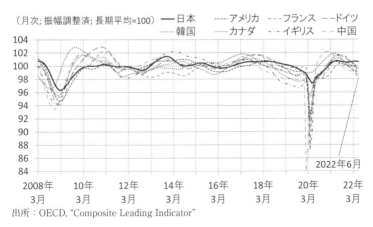

出所：OECD, "Composite Leading Indicator"

図2-5　OECD景気先行指数

3. 景気ウォッチャー調査と短観

景気ウォッチャー調査

　次に景気ウォッチャー調査と短観について見ていきたい。これらは景気の主観的側面を捉えるためのものである。景気ウォッチャー調査は，地域ごとの景気動向を把握し，景気動向判断の基礎資料とするために内閣府によって毎月実施されている調査である。景気の現状と先行きについて，人々の判断とその理由を調査している。現在は全国を12の地域に分けてそこから2,050人が選ばれている。家計動向，企業動向，雇用等，代表的な経済活動の動向を観察できる業種の適当な職種の中から選定されている。

　調査票は各質問について1〜5の尺度となっており，それぞれにポイントが定められている。たとえば，「(1) 良い／良くなっている」は+1ポイント，「(2) やや良い／やや良くなっている」は+0.75ポイント，「(3) どちらとも言えない／変わらない」は+0.5ポイント，「(4) やや悪い／やや悪くなっている」は+0.25ポイント，「(5) 悪い／悪くなっている」は+0ポイントと決まっている。それぞれのポイントにそれぞれの回答比率のパーセンテージを乗じてディフュージョン・インデックスが計算される。[6]

　図2-6は景気ウォッチャー調査の2008年以降の結果を示している。3本の線のうち，太い実線は景気の現状判断のディフュージョン・インデックスであり，特に景気が良くなっていくか悪くなっていくかの方向性に関するものである。点線は景気の先行き判断のディフュージョン・インデックスであり，景気がこれから良くなっていくか悪くなっていくかの方向性に関するものである。そして，細い実線は，景気の現状判断のディフュージョン・インデックスであり，特に景気がどのくらい良いか悪いかの水準を示すものである。

---

6) たとえば，「景気の現状判断（方向性）」について，「(1)良くなっている」が3%，「(2)やや良くなっている」が25%，「(3)変わらない」が45%，「(4)やや悪くなっている」が20%，「(5)悪くなっている」が7%という回答の構成比であるとき，ディフュージョン・インデックスは，$3 \times 1 + 25 \times 0.75 + 45 \times 0.5 + 20 \times 0.25 + 7 \times 0 = 49.25$である。

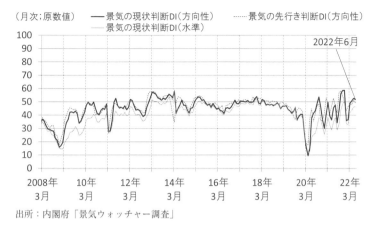

（月次；原数値）　━━ 景気の現状判断DI（方向性）　　　…… 景気の先行き判断DI（方向性）
　　　　　　　　── 景気の現状判断DI（水準）

出所：内閣府「景気ウォッチャー調査」

図2-6　景気ウォッチャー調査

　景気の現状判断のディフュージョン・インデックスの方向性についてみると，2020年4月に大きく落ち込んでいたとき9.5ポイント，その後，景況感が改善と悪化を繰り返してきたことが分かるが，2022年6月には51.8ポイントであった。ディフュージョン・インデックスは50を境目として判断するので，50以上となっているときは，景気が良いと考えている人の方が悪いと考えている人よりも多いことを意味する。さらに，点線の景気の先行き判断のディフュージョン・インデックスを見ると，こちらは2022年6月には49.2と50をわずかに下回っていることから，それ以降，景気が良くなっていくと思う人よりも悪くなっていくと思う人の方がわずかに多いという状況であったことを示している。

　表2-2は，景気ウォッチャー調査について，景気の現状判断に関するディフュージョン・インデックスを部門別・地域別にまとめたものである。これを見ると部門別では特に飲食関連の変化が著しい。たとえば，2021年12月以降の半年間を見ると，新型コロナウイルス感染症が再拡大した2022年1月は全体的に悪化し，すべての部門で50を下回っていた。2022年2月になると，小売や飲食などはさらに悪化したが，その後は回復基調にある。地域別に見ても2021年12月までは改善していた地域もあったが，2022年1月に入るとすべての地域で悪化し，全国的に50を下回っていた。これは，どの地域を取ってみ

表2-2 景気ウォッチャー調査：部門別・地域別

現状判断DI	合計	家計動向関連					企業動向関連			雇用関連
			小売	飲食	サービス	住宅		製造業	非製造	
2021年12月	58.6	59.2	58.7	66.7	60.5	48.3	54.9	54.8	55.1	63.3
2022年 1月	35.9	32.2	35.2	19.1	28.1	39.0	41.6	42.3	41.4	48.8
2022年 2月	36.6	32.6	34.9	18.3	29.9	39.7	41.6	42.4	41.0	52.0
2022年 3月	48.9	49.0	48.1	50.8	51.0	45.7	45.2	45.1	45.5	56.1
2022年 4月	50.7	51.0	49.1	55.4	54.9	45.3	46.6	46.4	46.7	57.5
2022年 5月	52.6	53.7	50.5	62.8	59.2	45.9	47.8	45.1	49.9	56.4

現状判断DI	全国	北海道	東北	関東	甲信越	東海	北陸	近畿	中国	四国	九州	沖縄
2021年12月	58.6	58.6	56.4	57.0	61.2	59.1	58.7	57.9	56.7	62.8	62.2	64.0
2022年 1月	35.9	36.2	36.9	36.5	32.1	37.0	37.5	35.8	34.5	38.7	33.7	33.3
2022年 2月	36.6	35.1	34.2	36.8	34.0	38.7	34.4	36.7	36.6	35.4	36.4	48.1
2022年 3月	48.9	51.2	41.8	46.5	44.7	49.3	45.6	49.7	53.2	52.7	52.9	63.8
2022年 4月	50.7	53.8	47.4	49.5	51.2	49.9	50.8	51.9	48.9	53.9	51.8	60.0
2022年 5月	52.6	55.8	54.0	50.8	56.9	49.8	52.2	52.0	52.4	57.4	53.3	57.1

出所：内閣府「景気ウォッチャー調査」

ても景気が良いと思う人よりも悪いと思う人の方が多かったことを意味するが，その後は回復基調にある。

短観

　景気ウォッチャー調査の他には，全国企業短期経済観測調査（短観）があり，日本でも海外でも「短観（TANKAN）」として知られている。これは全国の企業の動向を把握して金融政策の適切な運営に役立てるため，日本銀行によって四半期ごとに実施されているものである。全国の資本金2,000万円以上の民間企業からさまざまな規模の約1万社が製造業，非製造業から選ばれ，景気，年度計画，物価の見通しなどに関する判断を尋ねている。調査票では各質問に対して1〜3の尺度が設けられている。たとえば，「(1) 良い」，「(2) さほど良くない」，「(3) 悪い」のような尺度である。この場合，(1) の「良い」と回答している回答者のパーセンテージから(3) の「悪い」と回答している回答者のパーセンテージを差し引くことによって，ディフュージョン・インデックスが計算される。[7]

図2-7は，2008年3月以降の短観の結果を示したものである。2本の線はいずれも業況判断のディフュージョン・インデックスであるが，太い実線は特に現在の業況判断，点線は3ヶ月前に行われた予測を示している。短観のディフュージョン・インデックスは，先ほど見たように良いと答えた企業のパーセンテージから悪いと答えた企業のパーセンテージを引いて計算しているので，ゼロの水準が判断の分かれ目になる。たとえば，新型コロナウイルス感染症の影響が最も大きかった2020年6月の業況判断（実績）のディフュージョン・インデックスを見ると，−31であった。つまり，良いと答えた企業よりも悪いと答えた企業の方が31%多く，業況が非常に悪かったということである。ただし，リーマンショックのときと比べてみると，2009年3月には−46であったことから，短観の業況判断に関してはリーマンショックのときよりも新型コロナウイルス感染症による景気後退の方が影響の程度が小さかったようである。

　因みに，日本の企業は景気予測に長けているのだろうか。日本企業の業況判断の実績と予測を比べると，点線（3ヶ月前の予測）が実線（実績）から大きく外れた動きをしていないので一見景気予測に長けているように見える。しかし，

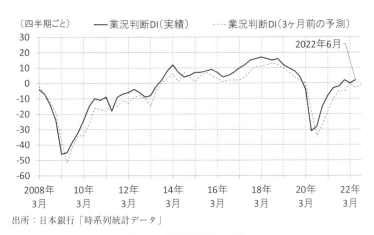

図2-7　短観（予測と実績）

---

7)　たとえば，「貴社の業況（最近）」について，「(1)良い」が20%，「(2)さほど良くない」が75%，「(3)悪い」が5%という回答の構成比であるとき，ディフュージョン・インデックスは，20−5＝15である。

多くの部分で実線（実績）よりも点線（3ヶ月前の予測）の方が右に位置していることから，現状追認で変化を後追いしているように思われる。しばしば実線の方が点線より上にあり，実際の業況が3ヶ月前に行った予測を上回っていることから，日本企業は総じて悲観的であるとも言えよう。

　図2-8は先ほどと同じ短観の結果を製造業と非製造業に分けて示したグラフである。先ほど見ていた全産業の業況判断はここでは点線で示されている。そして，太い実線が製造業の業況判断，細い実線が非製造業の業況判断である。両者を比べると，製造業よりも非製造業の方が景気が変動したときの振れ幅が小さく，業況が安定的であると言えよう。製造業は仕入・納入の関係によって他の企業・産業への波及効果が大きいため景気後退期の需要の落ち込みが大きく影響するのに対し，非製造業には情報通信，電気，ガスなどのように常に一定の需要がある業種が含まれているためである。

　表2-3は，先ほどと同じ短観の結果を産業別に示したものである。2020年9月以降の四半期ごとに行われた調査の業況判断を示している。この間，ディフュージョン・インデックスがプラスを維持できたのは建設業だけであった。たとえば，2021年12月以降を見ると，2021年12月の段階ですでに業況が悪化している産業もあったが，さらに3月になると急速に業況が悪化している産業が

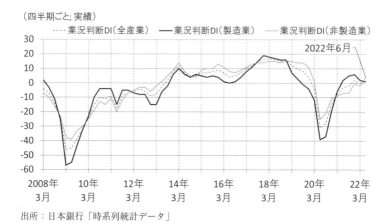

図2-8　短観（製造業・非製造業）

表2-3　短観（産業別）

業況判断DI	2020年9月	2020年12月	2021年3月	2021年6月	2021年9月	2021年12月	2022年3月	2022年6月
全産業	−28	−15	−8	−3	−2	2	0	2
繊維	−58	−50	−42	−39	−34	−28	−31	−25
木材・木製品	−38	−21	−12	−7	2	6	6	2
紙・パルプ	−40	−25	−12	−5	−4	−3	−10	−13
化学	−21	−8	5	16	18	21	14	13
石油・石炭製品	−22	−7	3	1	2	4	−2	−12
窯業・土石製品	−24	−10	−5	−7	−8	1	−2	−4
鉄鋼	−65	−30	−10	10	20	19	8	4
非鉄金属	−57	−28	6	25	28	23	24	15
食料品	−19	−10	−10	−11	−11	−12	−18	−9
金属製品	−39	−20	−6	6	12	8	4	−3
はん用・生産用・業務用機械	−37	−23	−3	9	16	19	18	15
電気機械	−29	−11	6	16	18	21	17	12
輸送用機械	−45	−17	−4	−3	−9	−13	−16	−20
その他製造業	−45	−33	−17	−12	−5	−6	−11	−6
建設	9	10	13	12	10	12	11	10
不動産・物品賃貸	−13	−4	−5	−2	1	10	10	14
卸・小売	−24	−13	−8	−7	−8	−5	−5	
運輸・郵便	−42	−32	−29	−22	−17	−13	−17	−10
情報通信	−8	−3	4	7	10	14	18	19
電気・ガス	−10	−4	0	−5	−6	−5	−8	−7
対事業所サービス	−13	−2	6	9	10	15	12	18
対個人サービス	−59	−42	−41	−35	−39	−21	−25	−7
宿泊・飲食サービス	−79	−48	−78	−74	−73	−43	−67	−31
鉱業・採石業・砂利採取業	−20	0	5	9	5	15	12	22

出所：日本銀行「時系列統計データ」

ほとんどである。また，2022年6月は一部に悪化した産業が見られるものの，全体的には改善傾向にあったことが分かる。

　図2-9は，同じ短観のデータを大企業（資本金10億円以上），中堅企業（資本金1億円～10億円），中小企業（資本金2千万円～1億円）の企業規模別に示したグラフである。これを見ると，やはり大企業の方が中堅企業や中小企業よりも業況判断が良好な傾向にある。

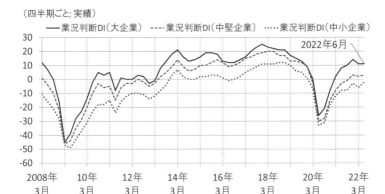

（四半期ごと; 実績）

—— 業況判断DI（大企業）　--- 業況判断DI（中堅企業）　…… 業況判断DI（中小企業）

出所：日本銀行「時系列統計データ」

図2-9　短観（企業規模別）

　以上のように景気ウォッチャー調査や短観を用いると，日本の景気の主観的な側面を分析することができる。

OECD企業景況感指数

　諸外国についても知りたいときは，OECDが作成している企業景況感指数が参考になる。図2-10は図2-5の景気先行指数と同じ8ヶ国について企業景況感指数を示したものである。この指数は生産，受注，在庫についての企業の評価や現在の状況，将来への期待などを示すもので，景気の長期的な平均が100になるように調整されて作成されている。したがって，100を超えていれば長期のトレンドに比べて景況感が良いということ，100を下回っていれば長期のトレンドに比べて景況感が悪いということを意味する。この値が上昇していれば改善している，下落していれば悪化しているということである。では，企業の景況感が拡張期にあるのはどの国だろうか。たとえば，2022年3月の時点ではほとんどの国で値が下降傾向にあるので，景況感が悪化していると言える。ただし，中国以外の100を超えている国においては，長期的な平均トレンドよりも景況感が良いことを意味する。中国は100を下回り，著しい下降傾向の最中にあることが分かる。

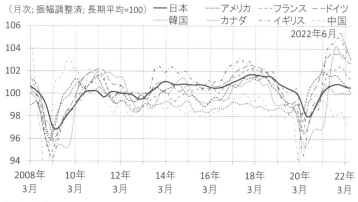

（月次；振幅調整済；長期平均=100）　──日本　……アメリカ　‑‑‑‑フランス　‑‑‑ドイツ
　　　　　　　　　　　　　　……韓国　──カナダ　‑‑‑イギリス　─‑中国

2022年6月

出所：OECD, "Business Confidence Index"

図2-10　OECD企業景況感指数

4. 四半期別GDPの変化

四半期別実質GDPの変化

　最後に四半期別GDPの変化を見ておこう。これは景気の客観的側面を捉えるためのもう1つの方法であるが，作成が月次ではなく四半期別であること，またその速報が出るのが翌々月であることから，予測というよりも事後的な確認のために使うべきものである。第1章では1年単位のGDPから実質GDPの前年比変化率，つまり経済成長率（図1-6）を計算できるということに触れたが，図2-11は四半期別の実質GDPについて前期比の変化率を描いたものである。経済活動には1年間の中の季節によって周期的な変動があるので，それを取り除いた季節調整済みという値を用いている。これを見ると2008年以降，大きく下落しているところが何箇所かある。ここまで何度か登場したように，2009年の箇所はリーマンショック，世界金融危機が原因である。2011年の箇所は3.11東日本大震災が原因である。2012年の箇所は円高による不況である。2014年4〜6月期は5%から8%への消費増税による落ち込み，2019年の10〜12月期は8%から10%への消費増税による落ち込みである。そして2020年，2021年の下落は，新型コロナウイルス感染症による経済活動の停滞による落ち込み

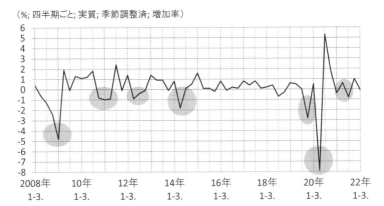

（%; 四半期ごと; 実質; 季節調整済; 増加率）

出所：内閣府「四半期別GDP速報」

図2-11　四半期別実質GDPの変化

である。これを見ると新型コロナウイルス感染症による景気の落ち込み，GDP
の減少は四半期ごとの変化率，つまり，変化のスピードという意味においては
リーマンショック以上であったということが窺える。

成長率と寄与度

　第1章で見た年単位の，あるいは今見た四半期別のGDP成長率は，前期（前
年または前四半期）のGDPに対する，GDPの変化の比率のことであった。これ
は一国の経済がどのくらい速く成長しているかを示すものである。GDP成長
率は，今期のGDPの値から前期のGDPの値を引いたものを前期のGDPの値で
割ることによって計算される。

$$\text{GDP成長率} = \frac{\text{今期のGDPの値} - \text{前期のGDPの値}}{\text{前期のGDPの値}}$$

　他方，寄与度とは，前期（前年または前四半期）のGDPに対する，GDPの各
構成要素の変化の比率のことである。これはGDPの各構成要素がどのくらい
GDPの成長に寄与したかを示すものである。GDP成長への寄与度は，今期の
構成要素の値から前期の構成要素の値を引いたものを前期のGDPの値で割っ
て計算される。

$$\text{GDP 成長への寄与度} = \frac{\text{今期の構成要素の値} - \text{前期の構成要素の値}}{\text{前期の GDP の値}}$$

あるいは，構成要素のGDPに占める割合が分かっていれば，それにその構成要素自体の増加率を掛けることによって得られる[8]。

GDP 成長への寄与度＝構成要素のGDPに占める割合×構成要素の増加率

定義により，すべての構成要素の寄与度の合計はGDP成長率に等しくなる[9]。

GDP 成長への寄与度

図2-12は，先ほどの四半期別GDPの変化をGDPの構成要素の寄与度に分解

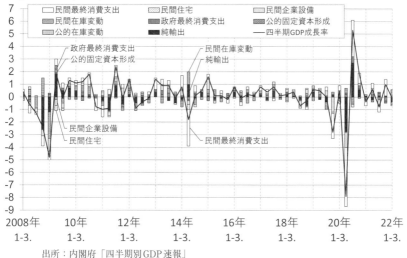

(%; 四半期ごと; 実質; 季節調整済; 寄与度)

出所：内閣府「四半期別GDP速報」

図2-12　GDP成長への寄与度

---

8) たとえば，今期のGDPの支出面に占める消費（民間最終消費支出）の割合が50%であり，その金額が前期比で5%増えたとき，今期のGDP成長への寄与度は，$0.5 \times 0.05 = 0.025 = 2.5\%$である。

9) たとえば，今期の民間最終消費支出の寄与度が-2.9，民間住宅の寄与度が-0.3，民間企業設備の寄与度が-0.3，民間在庫変動の寄与度が1，政府最終消費支出の寄与度が-0.1，公的固定資本形成の寄与度が-0.3，公的在庫変動の寄与度が0，純輸出の寄与度が1であるとき，今期のGDP成長率は$-2.9 - 0.3 - 0.3 + 1 - 0.1 - 0.3 + 0 + 1 = -1.9\%$である。

して示したものである。四半期別GDPの成長率が折れ線グラフで示されており，模様別に分かれている棒グラフの各部分はGDPの支出面を構成する要素である。たとえば，リーマンショックの頃を見ると，世界経済の減速によって日本からの純輸出が大きく減少し，GDP成長の足を引っ張っていたことが表れている。また，消費増税があった2014年の第1四半期と第2四半期をみると，2014年の1-3月期には消費増税前の駆け込み需要で民間最終消費支出が大きく伸びてGDP成長に貢献している。他方，4-6月期になると消費増税による反動減によって民間最終消費支出が大きく落ち込み，GDP成長の足を引っ張っている。そして，新型コロナウイルス感染症の影響を受けた2020年4-6月期を見ると，世界経済の減速によって日本からの純輸出が大きく減少するとともに，国内経済の停滞によって民間最終消費支出も大きく減少してGDP成長の足かせになっていることが分かる。棒グラフにはプラスの部分とマイナスの部分があるが，これらの値をすべて合計すると折れ線グラフで示されている四半期別GDP成長率に等しくなる。

《計算問題》

・景気ウォッチャー調査の「景気の現状判断（方向性）」に関する回答が下表のような構成比であったとき，ディフュージョン・インデックスはいくつか。（ヒント：注6）

	良くなっている	やや良くなっている	変わらない	やや悪くなっている	悪くなっている
構成比（%）	3	25	45	20	7

（答え：DI=49.25）

・景気ウォッチャー調査の「景気の先行き判断（方向性）」に関する回答が下表のような構成比であったとき，ディフュージョン・インデックスはいくつか。

	良くなる	やや良くなる	変わらない	やや悪くなる	悪くなる
構成比（%）	4	28	40	23	5

（答え：DI＝50.75）

・全国企業短期経済観測調査の「貴社の業況（最近）」に関する回答が下表のような構成比であったとき，ディフュージョン・インデックスはいくつか。（ヒント：注7）

	良い	さほど良くない	悪い
構成比（%）	20	75	5

（答え：DI＝15）

・GDP成長率への寄与度が下表の通りであるとき，四半期別GDP成長率はいくつか。（ヒント：注9）

	民間最終消費支出	民間住宅	民間企業設備	民間在庫変動	政府最終消費支出	公的固定資本形成	公的在庫変動	純輸出
寄与度（%）	−2.9	−0.3	−0.3	1	−0.1	−0.3	0	1

（答え：−1.9%）

・GDP成長率への寄与度が下表の通りであるとき，四半期別GDP成長率はいくつか。

	民間最終消費支出	民間住宅	民間企業設備	民間在庫変動	政府最終消費支出	公的固定資本形成	公的在庫変動	純輸出
寄与度（%）	−4.4	0	−0.7	0.3	−0.1	0.1	0	−3

（答え：−7.9%）

・GDPの支出面に占める消費（民間最終消費支出）の割合が50％であり，その金額が前期比で5％増えたとき，今期のGDP成長への寄与度はいくつか。（ヒント：注8）

（答え：2.5%）

・GDPの支出面に占める設備投資（民間企業設備）の割合が15％であり，その金額が前期比で10％増えたとき，今期のGDP成長への寄与度はいくつか。

（答え：1.5%）

第3章
消費と貯蓄の動向

1. 家計消費の理論

家計消費

　まず家計消費の理論について基本的な事項から確認していこう。マクロ経済循環（図1-1）の中で，家計は財・サービス市場の需要側に位置する。家計は財・サービスを消費し，政府に税金を払い，残りのお金を貯蓄する。労働を供給して賃金を得るが，それについては第5章で扱うので，本章では経済全体の中の消費，税金，貯蓄に注目しよう。

　家計が消費を行うときにまず考えるのは可処分所得，つまり自分で自由に使える所得がどのくらいかということである。可処分所得は受け取った所得から税金を引いたものであり，第1章で用いた記号を使うと $Y-T$ と表される（図3-1）。このうちの一部が消費に回り，残りが貯蓄される。このとき消費にどのくらいの割合が回るかということが非常に重要である。可処分所得に占める消

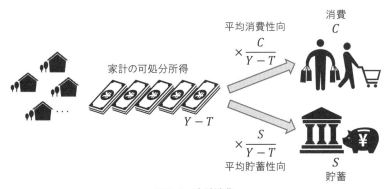

図3-1　家計消費

表3-1　家計消費の計算

所得		110	160	210	260	310
税金・社会保険料		10	10	10	10	10
可処分所得		100	150	200	250	300
	消費	60	90	120	150	180
	貯蓄	40	60	80	100	120
平均消費性向		0.6	0.6	0.6	0.6	0.6
平均貯蓄性向		0.4	0.4	0.4	0.4	0.4

費の割合は$\dfrac{C}{Y-T}$であり，平均消費性向と呼ばれる。可処分所得に占める貯蓄の割合は$\dfrac{S}{Y-T}\left(=\dfrac{1-C}{Y-T}\right)$であり，平均貯蓄性向と呼ばれる。可処分所得は必ず消費か貯蓄のいずれかに回ることになるので，平均消費性向と平均貯蓄性向を足すと必ず1，つまり100％になる。

　たとえば，表3-1のように，ある家計が税金・社会保険料に10を支出し，可処分所得の6割を消費に支出しているとしよう。可処分所得は所得から税金・社会保険料を引いたものなので，それぞれ10ずつ引くと求められる。そこから可処分所得の6割が消費なので，0.6を掛けた金額が消費となる。可処分所得から消費を引いた残りが貯蓄である。平均消費性向は可処分所得の6割，60％，小数で表すと0.6となる。したがって，平均貯蓄性向は残りの4割，40％，小数で表すと0.4となる。

　以上の単純な数値例が示唆しているように，通常，消費の大きさは可処分所得と平均消費性向に依存するというのがマクロ経済学の最も基本的な消費の捉え方の1つである[10]。

人々はどのように消費するか

　人々がどのように消費をするかということについては，大きく分けると2つの見方がある。1つは先ほど見たように，消費は現在の可処分所得に依存するという見方である。人々は現在の所得が増えたら消費を増やすのではないか，

---

10) 平均消費性向に対して限界消費性向という考え方もある。第6章図6-1参照。

というのはケインズの考えであった[11]。もう1つは，消費は生涯所得に依存する，つまり，一生で得る所得の全体に依存するという見方である。この場合，人々は現在の消費が増えたからといって必ずしも消費を増やすとは限らない。

後者の見方にはいくつかのバリエーションがある。たとえば，フリードマン

John Maynard Keynes
(1883-1946)

による恒常所得仮説では，臨時的な変動所得ではなく定期的に期待できる恒常所得が増えることによって初めて消費が増えていくとされた[12]。モジリアーニらによるライフサイクル仮説では，若いとき，つまり働いて稼いで高所得を得ているときにお金を貯蓄し，退職後，つまり仕事を辞めて所得が低くなったときに貯蓄を費やしていくとされた[13]。そして，デューゼンベリーによる相対所得仮説では，絶対的な所得の金額というよりも周囲や過去の自分と比べた相対所得によって消費の大きさが変わるとされた[14]。

Milton Friedman
(1912-2006)

経済学では人々は何を消費するかを自分で決めていると考えるが，やはり他の人々から影響を受ける部分もある。そのような影響を外部効果と呼ぶ。たとえば，デモンストレーション効果と呼ばれ，消費者の選好や欲望が他の消費者の消費水準や消費様式から影響を受けることがある[15]。また，依存効果と呼ばれるが，消費者の選好や欲望が生産者・企業等の宣伝販売活動，た

---

11) ケインズはマクロ経済学の創始者である。ジョン・メイナード・ケインズ著，間宮陽介訳 (2008)『雇用，利子および貨幣の一般理論』岩波書店。

12) ミルトン・フリードマン著，宮川公男・今井賢一訳 (1961)『消費の経済理論』巌松堂出版。

13) Modigliani, F. and Brumberg, R. H. (1954), "Utility Analysis and the Consumption Function: An Interpretation of Cross-Section Data," Kurihara, K. K. (ed.), *Post-Keynesian Economics*, Rutgers University Press, pp. 388-436.

14) ジェームズ・S・デューゼンベリー著，大熊一郎訳 (1969)『所得・貯蓄・消費者行為の理論 (改訳版)』巌松堂出版。

15) デモンストレーション効果を提唱したのはデューゼンベリーである。同上書。

とえばCMなどによって左右されることもあろう[16]。他にも，大衆に迎合して他の多くの消費者が消費しているものを好んで消費するようになる現象（バンドワゴン効果），逆に大衆とは異なることを誇示するために他の多くの消費者が消費していないものを敢えて選択する現象（スノッブ効果），身分や地位の誇示や見せびらかしのために高価なものを選好する現象（ヴェブレン効果，衒示的消費）などが知られている[17]。実際の私たちの消費を考えれば，以上のような効果に当てはまる部分が多かれ少なかれ見られるはずである。

2. 国民経済計算体系における消費と貯蓄

国民経済計算体系における家計消費

　次に国民経済計算体系の中で消費と貯蓄がどのように現れてくるかを見てみよう。消費は，第1章で確認したGDPの支出面（図1-9）の中に登場していたが，民間最終消費支出とも呼ばれ，GDPの半分以上を占めている。ただし，これが実際に家計にとってどのくらいの大きさかということが大事であるので，本章では少し別の角度から見ていきたい。

　図3-2は同様に国民経済計算に基づくものであるが，1994年から2020年までの可処分所得の大きさを実線の折れ線グラフで示している[18]。可処分所得は，先ほど確認したように，受け取った所得から家計が使える部分だけを取り出した金額である。そして棒グラフは，各年の可処分所得のうち灰色部分が消費に使われたことを示しており，可処分所得に占めるこの消費の部分の割合を計算

---

16) 依存効果を提唱したのはガルブレイスである。ジョン・K・ガルブレイス著，鈴木哲太郎訳 (2006)『ゆたかな社会（決定版）』岩波書店。

17) 以上の3つの効果を提唱・整理したのはライベンシュタインである。Leibenstein, H., (1950), "Bandwagon, Snob, and Veblen Effects in the Theory of Consumers' Demand," *The Quarterly Journal of Economics*, vol. 64, no. 2, pp. 183-207. ヴェブレン効果は衒示的消費（見せびらかしの消費）を研究した経済学者の名に因んでいる。ソースティン・ヴェブレン著，高哲男訳 (2015)『有閑階級の理論（増補新訂版）』講談社。

18) 居住者全体の可処分所得（純ベース）とGDPは，第1章の国民経済計算体系の概念図（図1-10）にも示されているように，次式の関係にある。

可処分所得＝GDP－固定資本減耗＋海外からの要素所得の純受取＋海外からの経常移転の純受取

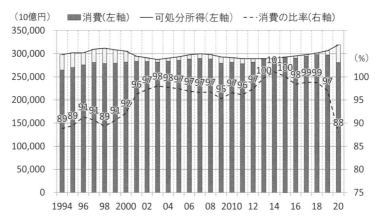

（10億円）　■消費（左軸）　──可処分所得（左軸）　┅┅消費の比率（右軸）

出所：内閣府「国民経済計算年次推計」

図3-2　国民経済計算体系における家計消費

したものが点線の折れ線グラフで示されている。これはパーセンテージなので0％と100％の間の値をとり得るが，見やすいように右軸の75％から100％の間で描いている。このグラフによると，2020年の平均消費性向（可処分所得のうち消費に回る割合）は88％または0.88である。経済全体で見れば可処分所得のほとんどが消費に回っているということである。

国民経済計算体系における家計貯蓄

同様にして家計が可処分所得のうち消費に使わなかった部分，つまり，貯蓄についてグラフにすると，図3-3のようになる。図3-2の棒グラフの上澄みの白色部分が貯蓄であり，図3-3では黒色部分に相当する。可処分所得のほとんどが消費に回っているので，残りのわずかな部分のみが貯蓄に回っていることになる。棒グラフの黒色部分について「貯蓄（純）」と書かれているのは，固定資本減耗を差し引いた後の貯蓄額であることを意味している。そして，可処分所得に占めるこの黒色部分の貯蓄の割合を計算したものが点線の折れ線グラフで示されている貯蓄率である。こちらも0％と100％の間をとるが，見やすいように右軸を調整してある。このグラフによると，2020年の貯蓄率は11.8％

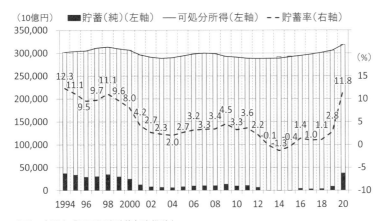

出所：内閣府「国民経済計算年次推計」

図3-3　国民経済計算体系における家計貯蓄

である。少し遡ってみると，2014年には貯蓄率が−1.3％と，0％を下回っていることが分かる。これはあくまでもフローのグラフなので，各年の貯蓄額とはその年の増減を示している。したがってマイナスの貯蓄率というのは，家計が現在の消費のために過去の貯蓄を費やしている，つまり，貯蓄を崩して消費に使っているということを意味する。

家計の純貯蓄率

　貯蓄率を諸外国と比較したいときは，たとえばOECDのデータベースで家計の純貯蓄率を見るとよい。図3-4を見ると，日本の貯蓄率が諸外国よりも高いと言われていたのは昔の話であって，長期的に見れば徐々に低下し，アメリカなどよりも低い水準にあったことが分かる。このように日本で特に貯蓄率が低下してきた主な要因の1つは高齢化である。上で触れたライフサイクル仮説のように，通常，若いときにはお金を貯蓄し，引退後にそれを使う。したがって，社会の全体で高齢化が進んでいくと，フローで見た貯蓄率は下がっていくことになる。また，日本も含め2020年のデータがある国々について見てみると，貯蓄率が急上昇している。これは新型コロナウイルス感染症の影響により，消費活

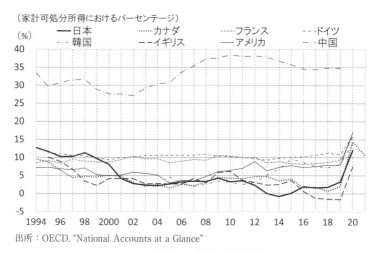

（家計可処分所得におけるパーセンテージ）

出所：OECD, "National Accounts at a Glance"

図3-4　諸外国の家計の純貯蓄率

動が停滞し，結果として可処分所得のより大きな部分が貯蓄に回ったことによ
るものである。

3. 日本の家計

家計調査における消費と貯蓄

　次に日本の家計の様子を見ていこう。日本の家計の実態を知りたいときには，
家計調査という統計を用いる。図3-5の折れ線グラフは，日本の2人以上の世
帯のうち勤労者世帯，つまり働いている人がいる世帯の1世帯あたり月額の可
処分所得を示している。その下の棒グラフは，内訳として消費支出に使われた
部分が灰色，消費支出に使われなかった貯蓄となる部分が黒字と呼ばれ，黒色
で示されている。このグラフによると，2021年は可処分所得の62.8％が消費支
出に費やされている。平均消費性向が62.8％または0.628であったということ
である。そして残りの37.2％の部分が貯蓄になっている。平均貯蓄性向が37.2
％または0.372であったということである。特に新型コロナウイルス感染症の
影響により，2020年以降は消費支出が減り，貯蓄が増えていることが見てと

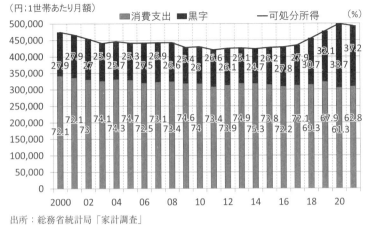

出所：総務省統計局「家計調査」

図3-5　家計調査における消費と貯蓄

れる。先ほど見た国民経済計算体系では，2021年の貯蓄率は11.8％であったが，家計調査における貯蓄率ははるかに高いようである。このように家計調査の方が貯蓄率が高くなる主な理由は，これが勤労者世帯を対象とした調査だからである。

総世帯と勤労者世帯

　総世帯と勤労者世帯を比べると，図3-6のように年齢構成がまったく異なることが分かる。総世帯では高齢化が進んでおり，半分以上が60歳以上の世帯である。他方，働いている人がいる勤労者世帯では，60歳以上の世帯は20％にとどまっている。世帯人員を見ると，総世帯では2.25人，勤労者世帯では2.52人であったが，有業人員つまり働いている人は総世帯では1.06人，勤労者世帯では1.52人であった。先述のような年齢構成なので，世帯主の年齢を平均すると総世帯では59.4歳，勤労者世帯では47.9歳となる。持ち家率はマイホームを持っている世帯の割合であるが，勤労者世帯よりも総世帯の方が高い。エンゲル係数は消費支出全体に占める食費の割合であり，高ければ家計の生活水準が低く，低ければ家計の生活水準が高いことを概ね意味する。総世帯と勤労

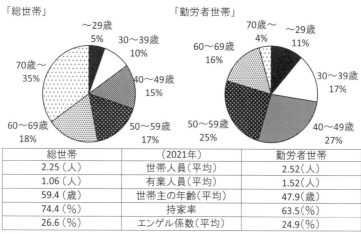

総世帯	（2021年）	勤労者世帯
2.25（人）	世帯人員（平均）	2.52（人）
1.06（人）	有業人員（平均）	1.52（人）
59.4（歳）	世帯主の年齢（平均）	47.9（歳）
74.4（％）	持家率	63.5（％）
26.6（％）	エンゲル係数（平均）	24.9（％）

出所：総務省統計局「家計調査」

図3-6　総世帯と勤労者世帯

者世帯を比べれば，勤労者世帯の方がエンゲル係数が低いので，勤労者世帯の方が生活水準が総じて高いということである。先ほど見た家計調査の可処分所得や消費・貯蓄の割合は，この図の右側の勤労者世帯についての統計であるため，まだ働いて貯蓄を行っている世代についての結果であることに留意されたい。

世帯主の年齢階級別の消費と貯蓄

　勤労者世帯についてさらに詳しく見ていくと，図3-7は世帯主の年齢階級別に消費と貯蓄の一世帯あたり月額を示したものである。左端は勤労者世帯全体の平均であり，年齢階級別に見ていくと，可処分所得は年齢とともに上昇し，やがて減少していくことが分かる。引退が始まる60歳以上の区分では可処分所得が減少するので平均消費性向が高くなり，その分，平均貯蓄性向が低くなる。これを見るとすべての世代において，可処分所得で消費支出を賄い切れている，つまり，黒字が生じている状態に見えるが，もし借金やローンがあれば，この黒字の中から支払い，その残りが実際の貯蓄となる。この図はあくまでもフローのグラフなので，資産や負債については別に考えなければならない。

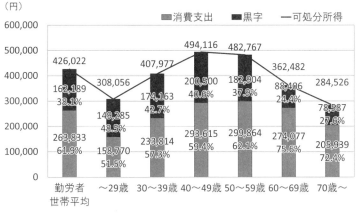

（勤労者世帯；1世帯あたり月額；2021年平均）

出所：総務省統計局「家計調査」

図3-7　世帯主の年齢階級別の消費と貯蓄

世帯主の年齢階級別の貯蓄額と負債額

　ストックの貯蓄と負債については，勤労者世帯という区分ではなく二人以上の世帯についてのみ調査が行われている。図3-8のように，二人以上の世帯の

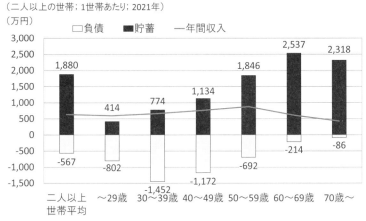

（二人以上の世帯；1世帯あたり；2021年）

出所：総務省統計局「家計調査」

図3-8　世帯主の年齢階級別の貯蓄額と負債額

全体では，平均すると1,880万円の貯蓄，567万円の負債，差し引きすると
1,313万円の純貯蓄を持っている。年齢階級別に見ていくと，30代までは負債
が増えていくが，40代から負債が減っていく。貯蓄についても年齢とともに
増えていくが，70歳以上になると貯蓄が減っていること，つまり，貯蓄を取
り崩して支出に充てていることが見てとれる。

家計における主要耐久消費財

　家計の消費の内容にも少し触れておこう。消費動向調査を用いると，表3-2
のように主要耐久消費財の普及率と100世帯あたりの保有数量が分かる。たと
えば，温水洗浄便座，光ディスクプレーヤー・レコーダー，パソコン，乗用車
などは，普及率が7〜8割に過ぎないが，保有数量が100世帯あたりで100を超
えている。これは，保有していない世帯もある一方で，保有している世帯の中

表3-2　家計における主要耐久消費財

（二人以上の世帯；2021年3月）	普及率	保有数量（100世帯あたり台数）
温水洗浄便座	80.3	113.2
洗髪洗面化粧台	70.9	81.7
システムキッチン	68.5	71.0
温水器	47.0	49.6
衣類乾燥機	54.3	65.9
食器洗い機	34.4	34.9
ファンヒーター	47.9	86.4
ルームエアコン	92.2	282.7
空気清浄機	45.2	63.2
カラーテレビ	96.2	207.6
光ディスクプレーヤー・レコーダー	74.2	122.5
ビデオカメラ	36.4	39.6
デジタルカメラ	59.4	83.3
パソコン	78.5	128.3
タブレット型端末	43.8	62.6
ファクシミリ	43.3	44.2
携帯電話	95.8	247.0
乗用車	79.4	126.9

出所：内閣府「消費動向調査」

には2台以上保有している世帯もあるということである。また，ルームエアコン，カラーテレビ，携帯電話については，9割以上の世帯で保有しているとともに，保有している世帯については概ね2台以上を持っていることが読みとれる。

主要耐久消費財の普及率

　図3-9は日本における主要耐久消費財の普及率の推移である。1950年代後半に三種の神器と言われた白黒テレビ，洗濯機，冷蔵庫は，1970年頃までには日本の家計の90％以上に普及している。また，1960年代に新三種の神器または3Csと言われたカラーテレビ，乗用車，ルームエアコンについては，2000年頃になってようやく日本の家計の80％以上に普及しているが，その後，カラーテレビと乗用車については，徐々に普及率が低下しつつある。また，携帯電話（スマートフォン含む）が90％以上の家計に普及しているが，先ほど触れた温水洗浄便座，光ディスクプレーヤー・レコーダー，パソコンは70～80％で頭打ちになっている様子が見てとれる。

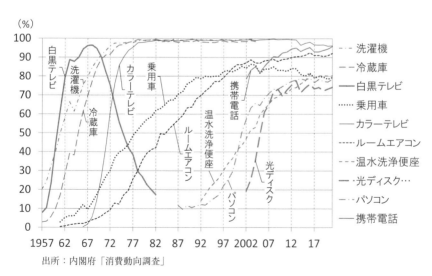

出所：内閣府「消費動向調査」

図3-9　主要耐久消費財の普及率

4. 月次の消費

家計あたり月間支出

　次に月次の消費動向を見てみよう。月次の消費動向を見るには買い手側から見る方法と売り手側から見る方法の2通りがある。

　買い手側について見るためには家計調査を利用できる。家計の消費には季節によるサイクルがあるため，1ヶ月前と比べるのではなく，1つ前の年の同じ月と比べる前年同月比が適切である。図3-10の実線の折れ線グラフは，二人以上の世帯の支出の前年同月比の増減，点線の折れ線グラフは二人以上の勤労者世帯の支出の前年同月比の増減をパーセンテージで示したものである。

　たとえば，2014年3月に著しく増加して同年4月に減少しているのは，消費増税による駆け込み需要と反動減の影響である。また，1年後の2015年3月に減少して同年4月に増加しているように見えるが，これは前年同月比なので，1年前の著しく増加した3月，著しく減少した4月と比べているからに過ぎない。このように前年同月比の統計を見るときには，前年の実際の水準がどの程度で

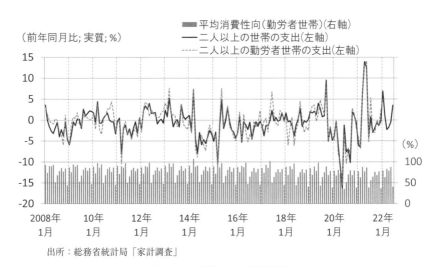

出所：総務省統計局「家計調査」

図3-10　家計あたり月間消費

あったかということにも左右されるため，注意しなければならない。

　また，2019年の後半からは消費が滞り始め，新型コロナウイルス感染症による初の緊急事態宣言のあった2020年の4〜5月に大きく落ち込んでいることが見てとれる。2021年に入ると，急激に増加しているところもあるが，これも前年同月比（2020年の同月と比較した増減率）であることに注意が必要である。

　他方，図3-10の下方に棒グラフで示されているのは，右軸の0〜100％の間の値をとる平均消費性向である。注意深く見てみると，毎年6月と12月に平均消費性向が大きく落ち込んでいる。これは日本では多くの家計が6月と12月に賞与（ボーナス）を受け取るためである。賞与を受け取ると可処分所得が増加するので，可処分所得に占める消費の割合である消費性向が低下する。賞与はすべて消費に使われるわけではなく少なくとも一部は貯蓄に回るので，6月と12月に消費性向が低下することになる。

販売額指数

　月次の消費動向を売り手側から見るためには，商業動態統計の販売額指数を利用できる。図3-11は季節調整され，なおかつ指数化された業態ごとの販売額である。2015年が100となるように調整された値であり，百貨店，スーパー，

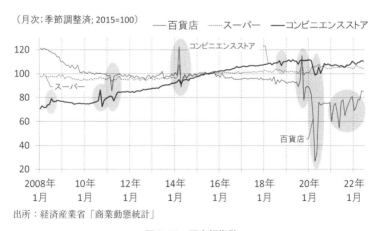

（月次；季節調整済；2015=100）　　──百貨店　‥‥‥スーパー　━━コンビニエンスストア

出所：経済産業省「商業動態統計」

図3-11　販売額指数

コンビニエンスストアという異なる業態の間で大きさを単純比較できるもので
はないので注意されたい。

　これを見ると分かるように，長期的には百貨店の販売額は減少傾向，コンビ
ニの販売額は増加傾向にあった。グラフの中で特に大きな増減となっている箇
所がある。2008年7月にはコンビニエンスストアのみで販売額が増えているが，
これはタスポ（一般社団法人日本たばこ協会が満20歳以上に発行する成人識別IC
カード）の導入によるものである。タスポを持っていない人は自動販売機でたば
こを買えなくなり，コンビニで買うようになったことの影響が現れている。ま
た，2010年の9月，2018年の9月にもコンビニエンスストアのみで販売額の増
加が見られ，その1ヶ月後には減少している。これはタバコ税の導入による駆
け込み需要と反動減である。2011年3月には百貨店で販売額が大きく落ち込ん
だが，これは3.11東日本大震災の影響である。他方，日用品や必需品を売るス
ーパーは影響が少なかったことが分かる。2014年の3月，2019年の9月に販売
額が大きく増加してその後減少しているのは消費増税の影響である。そして
2020年以降，百貨店とコンビニエンスストアが大きく落ち込んでいるのは新
型コロナウイルス感染症の影響である。特にインバウンド需要に依存していた
百貨店は，外国人観光客の減少によってコンビニエンスストアよりも先により
深刻な影響を受けたことが分かる。他方，日用品や必需品を扱っているスーパ
ーについては，感染症の前よりもむしろ販売額が伸びている。

5. 消費者心理

OECD消費者態度指数

　最後に，消費者の行動を左右する消費者心理について見ていきたい。図
3-12はOECDが各国の家計の購入計画や経済状況に基づいて作成している消
費者態度指数であり，長期平均が100になるように作られている。100を超え
ていれば消費者心理がその国の長期的なトレンドよりも良いこと，100を下回
っていれば消費者心理が長期的なトレンドよりも悪いことを意味する。値が上

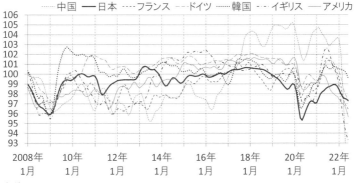

（月次; 振幅調整済; 長期平均=100）

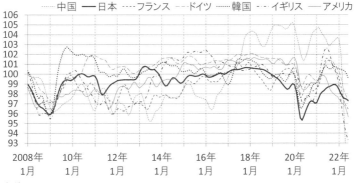

出所：OECD, "Consumer Confidence Index"

図3-12　OECD消費者態度指数

昇していれば改善，下降していれば悪化している。たとえば，2022年1月には，ドイツと韓国と中国では指数が100を超えていることから，それらの国では消費者心理の状態が長期的なトレンドよりも良好であった。しかしながら，それらの国においても消費者心理は改善と悪化を繰り返しており，未だに十分な回復基調にあるとは言い難い様子である。

生活意識に関するアンケート調査

　日本の消費者心理について知ることができる統計としては，生活意識に関するアンケート調査がある。これは金融・経済環境の変化が生活者の意識や行動にもたらす影響を把握するために日本銀行が四半期ごとに実施しているものである。20歳以上の4千人の個人が無作為に選ばれ，景況感等，暮らし向き，収入・支出，消費意識，物価に対する実感，先行きの地価動向，日本経済の成長力，雇用環境などについて質問している。このうちの一部の項目については，肯定的な回答をした回答者の比率から否定的な回答をした回答者の比率を差し引くことによってディフュージョン・インデックスが計算されている。たとえば，「(1) 良くなった／良くなる／ゆとりが出てきた」，「(2) 変わらない／変わらない／どちらとも言えない」，「(3) 悪くなった／悪くなる／ゆとりがなくなってきた」

という選択肢があった場合に，「(1) 良くなった／良くなる／ゆとりが出てきた」と回答した人の比率から「(3) 悪くなった／悪くなる／ゆとりがなくなってきた」と回答した人の比率を引いてディフュージョン・インデックスを計算する。[19]

　図3-13は2008年以降の生活意識に関するアンケート調査の結果のうち，景況感，1年後の景況感の予想，暮らし向きの変化，日本経済の成長力に対する見方の推移を示している。景況感を見ると，リーマンショックによる落ち込みから回復した後，2013年以降アベノミクスの時期には景況感が大幅に改善しているが，暮らし向きの変化を見ると改善の仕方に大きなギャップがある。このように景況感と暮らし向きにギャップがあることは，経済全体の景況感・景気の回復に比べて，家計の暮らし向きが遙かに悪いということ，景気回復が個人の所得増に結びついていなかったということを示唆している。そして，2020年以降は新型コロナウイルス感染症の影響によって景況感が大幅に悪化しているが，暮らし向きに関するディフュージョン・インデックスは意外にも悪化しておらず，景気回復への期待も強まりつつあることが見てとれる。とは言え，

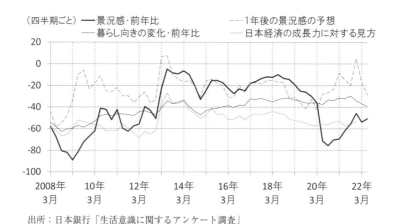

出所：日本銀行「生活意識に関するアンケート調査」

図3-13　生活意識に関するアンケート調査

---

19) たとえば，「暮らし向きの変化・前年比」について，「(1) ゆとりが出てきた」が30％，「(3) ゆとりがなくなってきた」が27％という回答の構成比であった場合，ディフュージョン・インデックスは30 − 27＝3である。

いずれの項目もほとんどの期間において中立的な水準であるゼロを下回っていることから，経済の現状と先行きに悲観的な状況が続いてきたと言えよう。

消費動向調査

　もう1つは先ほども登場した消費動向調査である。消費者の意識，物価の見通し，サービス等の支出予定，耐久消費財等の保有買替状況を把握するため，内閣府によって月次で行われている。8,400の家計が選ばれ，15ヶ月間にわたって同じ家計が調査票に回答する。この調査の消費者態度指数は，今後半年間の消費者による見通しについて，暮らし向き，収入の増え方，雇用環境，耐久消費財の買い時判断などを聞き，ディフュージョン・インデックスを計算しているものである。たとえば，「(1) 良くなる」，「(2) やや良くなる」，「(3) 変わらない」，「(4) やや悪くなる」，「(5) 悪くなる」という選択肢があった場合，それぞれに+1点，+0.75点，+0.5点，+0.25点，0点のようなポイントが決まっており，そこにそれぞれの回答をした人の比率をかけて指数が計算される。[20]

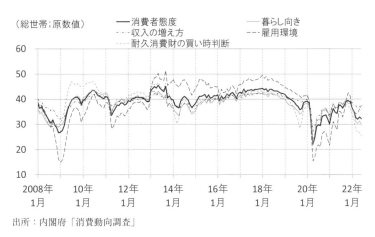

出所：内閣府「消費動向調査」

図3-14　消費動向調査（消費者態度指数）

---

20) たとえば，「暮らし向き」について，「(1) 良くなる」が9%，「(2) やや良くなる」が19%，「(3) 変わらない」が47%，「(4) やや悪くなる」が20%，「(5) 悪くなる」が6%という回答の構成比であった場合，ディフュージョン・インデックスは$1 \times 9 + 0.75 \times 19 + 0.5 \times 47 + 0.25 \times 20 + 0 \times 6 = 51.75$である。

図3-14は2008年以降の消費者態度指数の推移を示している。暮らし向き，収入の増え方，雇用環境，耐久消費財の買い時判断についてのディフュージョン・インデックスを平均したものが，太い実線の消費者態度指数のインデックスである。先ほど説明した計算方法をとるので，このグラフの中立的な水準は50のラインである。ほぼすべての期間でいずれの数値も50より下にあることから，やはり消費者が悲観的な状況が続いていると言える。2020年には雇用環境が一時はリーマンショックと同じくらいまで悪化し，他の項目については一時はリーマンショックよりも悪い水準まで悪化して，消費者態度が悪化していたことが窺える。

《計算問題》

・生活意識に関するアンケート調査の「暮らし向き」に関する回答が下表のような構成比であったとき，ディフュージョン・インデックスはいくつか。（ヒント：注19）

	ゆとりが出てきた	どちらとも言えない	ゆとりがなくなってきた
構成比（％）	30	43	27

（答え：DI＝3）

・生活意識に関するアンケート調査の「景況感」に関する回答が下表のような構成比であったとき，ディフュージョン・インデックスはいくつか。

	良くなった	変わらない	悪くなった
構成比（％）	13	69	18

（答え：DI＝－5）

・消費者態度指数の「暮らし向き」に関する回答が下表のような構成比であったとき，ディフュージョン・インデックスはいくつか。（ヒント：注20）

	良くなる (+1)	やや良くなる (+0.75)	変わらない (+0.5)	やや悪くなる (+0.25)	悪くなる (+0)
構成比（％）	9	19	47	20	6

（答え：DI＝51.75）

・消費者態度指数の「雇用環境」に関する回答が下表のような構成比であったとき, ディフュージョン・インデックスはいくつか。

	良くなる (+1)	やや良くなる (+0.75)	変わらない (+0.5)	やや悪くなる (+0.25)	悪くなる (+0)
構成比（％）	3	7	10	14	66

（答え：DI＝16.75）

・国内総生産（GDP）が450兆円, 固定資本減耗が100兆円, 海外からの要素所得の純受取が25兆円, 海外からの経常移転の純受取が10兆円であるとき, 居住者全体の可処分所得（純ベース）はいくつか。（ヒント：注18）

（答え：可処分所得＝385兆円）

・国内総生産（GDP）が550兆円, 固定資本減耗が125兆円, 海外からの要素所得の純受取が50兆円, 海外からの経常移転の純受取が5兆円であるとき, 居住者全体の可処分所得（純ベース）はいくつか。

（答え：可処分所得＝480兆円）

・家計の可処分所得が1世帯あたり月額40万円, 最終消費支出が30万円であるとき, 平均消費性向と貯蓄率はいくつか。（ヒント：図3-5）

（答え：平均消費性向＝75％, 貯蓄率＝25％）

・家計の可処分所得が1世帯あたり月額45万円, 最終消費支出が27万円であるとき, 平均消費性向と貯蓄率はいくつか。

（答え：平均消費性向＝60％, 貯蓄率＝40％）

第4章

生産と投資の動向

1. 企業の生産と投資の理論

企業生産

　まずは企業の生産と投資について基本的な事項から確認していこう。マクロ経済循環（図1-1）において，企業は財・サービス市場の供給側であった。企業は財・サービスを生産し，他の企業から財・サービスを購入し，政府に税金を支払う。金融機関から融資を受けることもある。そして労働力を雇用して賃金を支払うが，それについては第5章で扱うので，本章では経済全体の中の生産と投資に注目しよう。

　企業が生産したもののうちの一部は消費者や他の企業へと出荷されるが，残りは在庫として企業の中に留まる。したがってここでは2つの比率を考えることができる（図4-1）。1つは在庫率と呼ばれ，在庫率＝$\frac{在庫}{出荷}$，つまり在庫の出荷に対する比率である。もう1つは稼働率と呼ばれ，稼働率＝$\frac{生産}{生産能力}$，つまり生産の生産能力に対する比率である。

　たとえば，表4-1のように，ある企業が受注した数量＋10単位の製品を生産

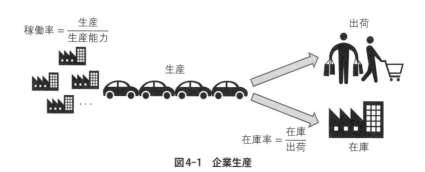

図4-1　企業生産

表4-1　企業生産の計算

	第1四半期	第2四半期	第3四半期	第4四半期
受注（需要）	40	80	120	20
生産	50	90	100	30
出荷	40	80	120	20
在庫	10	20	0	10
在庫率 $\left(=\dfrac{在庫}{出荷}\right)$	25%	25%	0%	50%
稼働率 $\left(=\dfrac{生産}{生産能力}\right)$	50%	90%	100%	30%

しようとするが，生産能力は1四半期あたり100単位が上限である。また，出荷した残りは在庫として次期に繰り越すとする。第1四半期は受注が40なので，+10単位の50を生産する。ここから受注した40を出荷するので，残りの10が在庫として次期に繰り越される。このとき在庫率を計算すると，$\dfrac{在庫}{出荷}=\dfrac{10}{40}$ =25%である。稼働率は，$\dfrac{生産}{生産能力}=\dfrac{50}{100}$ =50%である。

第2四半期は受注が80なので，+10単位の90を生産するが，出荷は受注と同じ80なので，残りの10が在庫になる。前期から繰り越されている在庫が10あるので，在庫は合わせて20になる。このとき在庫率を計算すると，$\dfrac{在庫}{出荷}=\dfrac{20}{80}$ =25%である。稼働率は，$\dfrac{生産}{生産能力}=\dfrac{90}{100}$ =90%になる。

第3四半期は受注が120であるが，生産能力の上限が100なので100しか生産できない。ただし，在庫が前期からの繰り越しで20あるので，合わせて120を出荷することができる。そこで在庫は0になる。在庫率を計算すると，$\dfrac{在庫}{出荷}=\dfrac{0}{120}$ =0%となる。稼働率は$\dfrac{生産}{生産能力}=\dfrac{100}{100}$ =100%となる。もし在庫を持っていなかったとしたら，この第3四半期には需要に合わせた出荷ができなかったはずである。

そして第4四半期は，受注が20なので，+10単位の30を生産する。受注した20を出荷すると残りの10が在庫になる。在庫率を計算すると，$\dfrac{在庫}{出荷}=\dfrac{10}{20}$ =50%，稼働率を計算すると，$\dfrac{生産}{生産能力}=\dfrac{30}{100}$ =30%となる。

以上の単純な数値例が示唆しているように，在庫は企業が需要の変化に対応するためのバッファー（緩衝装置）として機能している。

企業はどのように需要に対応するか

　すると，企業が需要の変化に対応するには2つの方法があると言える。1つは生産能力そのものの調整である。企業が追加の設備投資を行えば，生産能力そのものを増やすことができる。ただし，生産設備を増やしすぎて遊休設備となれば無駄な費用が生じるため，過度な設備投資も避けなければならない。

　もう1つは生産能力を上げるのではなく，在庫量を調整するという方法である。追加の在庫投資を行えば，原材料，仕掛品，完成品の在庫量を増やして対応することができる。ただし，在庫が多すぎると無駄な在庫費用がかかるので，過度な在庫投資も避けなければならない。この点を突き詰めていくと，いわゆるジャスト・イン・タイム生産方式（リーン生産方式）になっていく。

　いずれの調整方法も規模と費用のトレードオフに直面し，規模を大きくすると費用が増えてしまうため，その時々の需要に合わせて適宜調整を行わざるをえない。ということは，逆に言えば，設備投資，在庫投資の動きを見ると，景気や生産の動向が分かるはずである。

2. 国民経済計算体系における生産と投資

総資本形成

　次に国民経済計算体系の中で生産と投資の位置付けを確認しよう。GDPとは，ある国の国内で1年間に生産されたすべての財・サービスの付加価値の合計であり，各産業の生産が付加価値全体の何割かを知ることができた（図1-7）。第1章で確認したように，日本では製造業は20％程度であり，今では第3次産業が主力になっている。また，本章のもう1つのテーマである投資は，支出面から見たGDPに含まれていた（図1-9）。民間のものか政府のものか問わなければ，投資の全体は総資本形成であり，GDP全体の約25％を占める。そのうち，民間の投資は民間住宅が4％，民間企業設備が16％，民間在庫品増加が0％程度である。政府による投資は，公的固定資本形成が6％，公的在庫品増加が0％程度である。在庫品増加がもしプラスでなくマイナスの値である

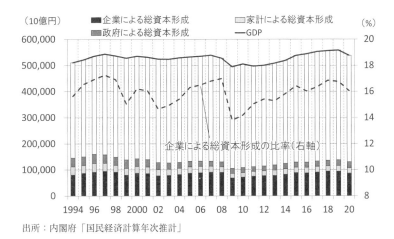

出所：内閣府「国民経済計算年次推計」

図4-2　国民経済計算体系における総資本形成

ときには，その年に在庫が減少したことを意味する。マクロ経済学で単に投資と言う場合には，民間による投資，つまり民間の家計による住宅購入か，民間の企業による設備投資か，民間の企業の在庫品の増加を指す。

　図4-2は，今見たGDPに占める総資本形成の比率を時系列で示したものである。実線の折れ線グラフはGDPの大きさを示しており，棒グラフの黒色部分は企業による総資本形成，つまり，民間企業の設備投資と在庫投資である。棒グラフの薄い灰色部分は家計による総資本形成，つまり，家計の住宅購入を示している。棒グラフの濃い灰色部分は政府による総資本形成，つまり，公的固定資本形成と公的在庫品増加を示している。点線の折れ線グラフで示しているのは，GDP全体に占める企業による総資本形成の比率であるが，これを見るとリーマンショック，世界金融危機のときに大きく落ち込んだものの，その後は徐々に回復してきたことが分かる。2020年時点ではGDPの約16％を占めている。

総固定資本形成

　図4-3は，GDPに占める企業部門による総固定資本形成の比率を諸外国と比較したグラフである。企業による総資本形成には設備投資と在庫投資があるが，

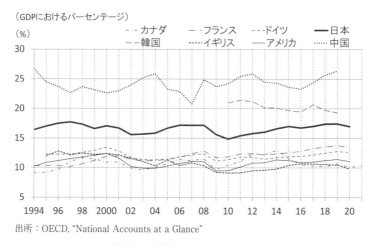

（GDPにおけるパーセンテージ）

出所：OECD, "National Accounts at a Glance"

図4-3　諸外国の企業部門における総固定資本形成

ここでは総固定資本形成なので，固定資本の部分，つまり設備投資の部分のみに注目した場合の比率を示している。これを見ると，企業による設備投資の比率は，リーマンショック，世界金融危機のときに多くの国で下落したが，その後はおおむね回復基調にあったことが窺える。設備投資は将来の生産が見込まれるときに初めて行われるものであるため，企業による総固定資本形成の比率が上昇していくのは，景気が回復していくときである。

3. 日本の企業

経営組織別および資本金階級別の企業数

次に日本の企業の平均的な姿について見ていこう。図4-4は経営組織の違い，資本金の違いごとに日本の企業数を示したものである。左のグラフを見ると，全企業のうち半分弱は個人企業であり，残りは法人である。法人のうち会社組織のみの内訳を資本金別に示したのが右のグラフである。右のグラフを見ると，日本ではほとんどの企業，95％ほどで資本金が5千万円に満たない。つまり，日本の企業のほとんどが中小企業だということである。

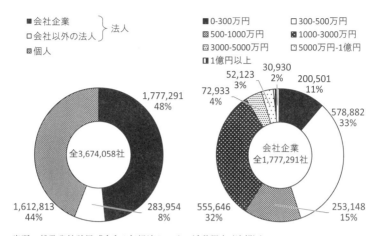

出所：総務省統計局「令和3年経済センサス活動調査（速報）」

図4-4　経営組織別および資本金階級別の企業数

法人企業統計

　集計された観点から日本の企業の状況を知りたいときは，法人企業統計を利用できる。これは営利法人等の企業活動の実態を把握するため，財務省によって四半期ごと，年次ごとに実施されている調査である。資本金5億円以上（金融・保険業は1億円以上）のすべての法人と資本金5億円未満（金融・保険業は1億円未満）から抽出された法人，計3万社以上の調査結果をもとに母集団全体の計数を推計している。調査項目は企業の財務諸表等における決算の係数，つまり，資産，負債および純資産，損益，主要財務営業比率などであり，たとえば売上高，営業利益，経常利益，当期純利益，設備投資，在庫投資の金額が分かる。

　図4-5は，法人企業統計をもとに，調査対象とする母集団1社あたりの営業利益，経常利益，当期純利益の推移を示したものである。太い実線で示されているのが営業利益である。そこに営業外収益を加え，営業外費用を引くと，点線の経常利益になる。その経常利益にさらに特別利益を加え，特別損失を引いて，法人税，住民税および事業税を引くと，細い実線の当期純利益になる。

　これを見ると，営業利益も経常利益も2008年度に著しく悪化しているが，

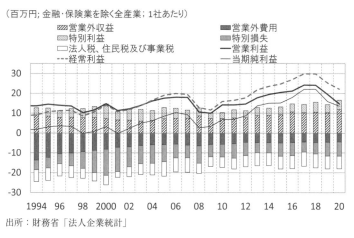

（百万円; 金融・保険業を除く全産業; 1社あたり）

出所：財務省「法人企業統計」

図4-5　法人企業統計（営業利益・経常利益）

その後，順調に回復し，2019年度の時点ではリーマンショック，世界金融危機以前よりも良好な水準になっていた。その後，新型コロナウイルス感染症の影響で悪化してはいるものの，それでもリーマンショック時点と比べれば良好な状況である。また，2004年度以降は経常利益が営業利益を上回り始め，その差が徐々に拡大してきたことが分かる。これは営業外収益が増加してきたことによるものであり，企業の本業以外の財務活動，つまり利子・配当金の受け取り等が良好であったことを意味する。

　先ほどの利益に関する図4-5はフローを示すものであるが，他方，ストックである資産と負債の推移を示すのが図4-6である。このグラフの中で実線の折れ線グラフは資産，点線の折れ線グラフは負債を示している。2000年代に入ると負債が減少し資産の合計は増えていくので，資産と負債の差が大きくなっていることが見てとれる。資産と負債の差は純資産であり，先ほどのグラフの経常利益と同様に2013年度以降に著しく増え始めた。資産の総額のうち棚卸資産つまり在庫に関する部分が薄い灰色，土地を除く有形固定資産つまり生産設備に関する部分が濃い灰色で示されている。

（百万円; 金融・保険業を除く全産業; 1社あたり; 当期末）

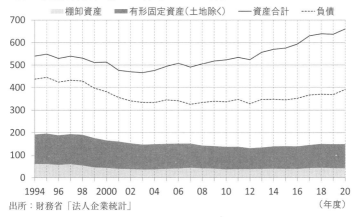

出所：財務省「法人企業統計」

（年度）

図4-6　法人企業統計（資産と負債）

　今見た部分についての増減をフローとして捉え直したものが図4-7である。実線の折れ線グラフはソフトウェアを除く設備投資，点線の折れ線グラフは在庫投資を示している。これを見るとどちらも2008年頃に著しく減少したが，その後，徐々に回復していたことが分かる。特に在庫投資は0の水準を下回っ

（百万円; 金融・保険業を除く全産業; 1社あたり）

出所：財務省「法人企業統計」

（年度）

図4-7　法人企業統計（投資）

てマイナスになり，棚卸資産が減少したが，その後はほぼ0以上の水準まで回復していた。ただし，在庫が過剰であるか不足であるかを判断するには，後で見るように生産と在庫を同時に見なければならない。

4. 企業の景況感と投資

法人企業景気予測調査

　次に企業の景況感と投資の関係を見ていこう。企業の景況感を把握している統計としては，法人企業景気予測調査がある。これは企業活動を把握し，経済の現状と今後の見通しに関する基礎資料を得るため，四半期ごとに内閣府・財務省によって実施されているものである。資本金1,000万円以上の法人約1万6千社を抽出して調査を実施している。たとえば，貴社の景況，国内の景況，生産・販売のための設備，従業員数（の過不足），売上高（年度），経常利益（年度），新設設備投資額（年度），ソフトウェア投資額（年度）などである。特に，当該企業の景況や国内の景況，生産販売のための設備や従業員数の過不足については，BSI（ビジネス・サーベイ・インデックス）と呼ばれるディフュージョン・インデックスが計算されている。たとえば，前期と比較して景況が上昇していると回答した企業のパーセンテージから，景況が下降していると回答した企業のパーセンテージを差し引くことによって計算を行う。[21]

　図4-8は法人企業景気予測調査の2008年以降の結果である。自社の景況判断，国内の景況判断，生産販売のための設備の過不足の判断のディフュージョン・インデックスが示されている。景況判断については左軸，設備の過不足の判断については右軸である。右軸はプラスとマイナスを反転して描いているので，上に行くと設備が過剰であること，下に行くと設備が不足していることを意味する。たとえば，リーマンショックの頃を見てみると，自社と国内の景況

21）たとえば，「貴社の景況」について，「上昇」が11％，「不変」が61％，「下降」が18％，「不明」が10％という回答の構成比であった場合，BSIは11-18＝-7である。

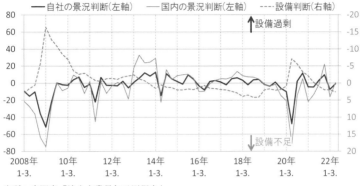

出所：内閣府「法人企業景気予測調査」

図4-8　法人企業景気予測調査

判断が大幅に悪化し，それにより生産・販売のための設備は過剰であるとの判断が強まっている。2013年からはアベノミクスの影響で景況判断が上昇したが，生産が増えたことによって設備判断は設備過剰から設備不足に転じている。2020年には新型コロナウイルス感染症の影響で景況判断が大幅に悪化し設備過剰へと転じたが，長い間，設備不足の状態を続けていたこともあり，リーマンショックの頃に比べれば設備が過剰にならなかったことが見てとれる。

短観

　以前登場した日銀の短観にも関連する項目がある。図4-9には業況判断に加えて国内での製商品・サービスの需給，海外での製商品の需給，製商品在庫水準，製商品の流通在庫水準，そして生産・営業用設備の過不足について，ディフュージョン・インデックスが描かれている。グラフで上に行くほど在庫が過大，あるいは設備が過剰であること，下に行くほど在庫が不足，あるいは設備が不足であることを意味する。図中の実線は現状の判断，点線は3ヶ月前に企業が行った予測を示している。業況判断や需給の判断が悪化すると在庫過大や設備過剰に向かい，業況判断や需給の状態が改善すると在庫不足や設備不足の方向に動くことが確認できる。たとえば，2022年3月の状況を見てみると，生

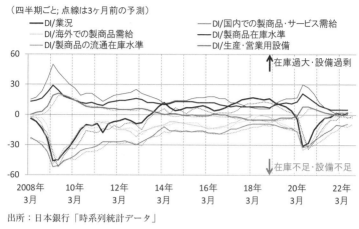

（四半期ごと; 点線は3ヶ月前の予測）
— DI/業況　　　　　　　　　　　— DI/国内での製商品・サービス需給
— DI/海外での製商品需給　　　　— DI/製商品在庫水準
— DI/製商品の流通在庫水準　　　— DI/生産・営業用設備

↑ 在庫過大・設備過剰

↓ 在庫不足・設備不足

出所：日本銀行「時系列統計データ」

図4-9　短観（生産と投資）

産・営業用設備がゼロの水準にあり，3ヶ月後の2022年6月には不足に転じる
と予想していることが分かる。在庫水準については予測値がないが，国内・海
外での需要が若干改善すると見込まれていることから，在庫不足の方向に向か
っていくことが予想される。

5. 月次の生産および投資

機械受注統計

　最後に月次の生産と投資の動向について見ていこう。投資のうち設備投資の
動向を見るためには，機械受注統計調査が用いられる。これは設備用機械類の
製造業者の受注状況を調査するため，内閣府によって月次で実施されている。
機械等を製造する企業から280社が選ばれ，機種別に受注額，販売額，受注残
高が調査されている。この調査のうち特に民間部門からの機械受注（船舶・電
力を除く民需）は，投資の先行指数として用いられている。船舶や電力を除く
のは，船舶や電力業からの受注は景気との関連が弱く，不規則かつ多額で，完
成までの期間が長いものが多いためである。

　図4-10は，機械受注統計調査に基づいて，2008年以降の民間部門からの機

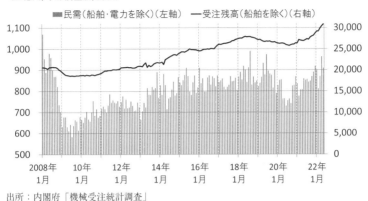

（10億円; 季節調整済; 月次）

出所：内閣府「機械受注統計調査」

図4-10　民間部門からの機械受注

械受注を示している。棒グラフは船舶・電力を除く民需の受注額，折れ線グラフは受注残高を示している。これを見ると受注残高は2009年の中頃から2018年の中頃までは概ね増加を続け，その後，2019年には消費増税，2020年には新型コロナウイルス感染症の影響で減少していたが，現在は回復基調にある。また，月次の受注額も増加している。民間の設備投資はこれらの機械受注を経て行われるものであるので，今後，増えていくことが予想される。

着工新設住宅戸数・床面積

　民間による投資のうち企業による設備投資の次に大きいのは，家計による住宅購入である。その動向を知るには，建築着工統計調査の着工新設住宅床面積を見ればよい。

　図4-11には，2008年以降のそれぞれの月に新たに着工された持ち家の戸数，貸家の戸数，給与住宅つまり社宅などの戸数，分譲住宅の戸数，そしてこれらすべてを合わせたときの住宅の床面積が示されている。これを見ると，住宅の建設は2014年の増税を前に駆け込み需要が生じ，その後，増税を目前にして反動減が生じている。また，再びの増税があった2019年の後半からも需要が落ち込んでいた。そして，2020年4月以降は新型コロナウイルス感染症の影響

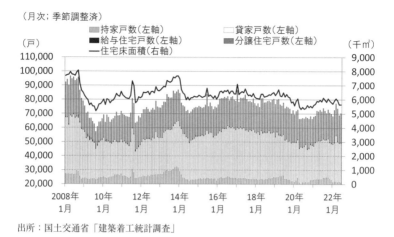

（月次；季節調整済）

■持家戸数（左軸）　　　　　　　　□貸家戸数（左軸）
■給与住宅戸数（左軸）　　　　　　■分譲住宅戸数（左軸）
—住宅床面積（右軸）

出所：国土交通省「建築着工統計調査」

図4-11　着工新設住宅戸数・床面積

によって低迷していたが，こちらも現在は増えつつある。

鉱工業指数・第3次産業活動指数

　他方，生産活動の水準を知るには，鉱工業指数や第3次産業活動指数を参照すればよい。これらは鉱工業および第3次産業の生産活動状況を供給面から捉えるため，経済産業省によって月次で計算されているものである。かつては全産業活動指数とその内訳となる建設業活動指数，農林水産業生産指数，公務等活動指数があったが，現在は廃止されている。ただし，鉱工業生産指数を22.96％，第3次産業活動指数を77.04％の比率（基準年の産業連関表の付加価値額の構成割合）で加重平均すれば，全産業活動指数の近似値を計算することができる。すべての産業を網羅するものではないが，鉱工業と第3次産業を統合した指数として有用であろう。これらの指数はいずれも基準年を2015年と定めて測定されており，基準年の指数の値は必ず100に等しくなっている。

　図4-12は2008年以降の鉱工業指数と第3次産業活動指数の月次の推移を示している。基準年が2015年なので2015年頃の値を見るといずれも100になっている。太い実線は先述の方法で鉱工業生産指数と第3次産業活動指数を統合

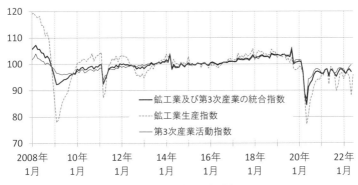

（2015=100; 月次; 季節調整済）

凡例:
鉱工業及び第3次産業の統合指数
鉱工業生産指数
第3次産業活動指数

出所：経済産業省「鉱工業指数」，「第3次産業活動指数」

図4-12　鉱工業指数・第3次産業活動指数

した指数の動きである。たとえば，2022年1月の値を見ると100を下回っていることから，基準年の2015年に比べて生産活動が滞っている状況であったことが分かる。また2019年頃と比べても値が下回っていることから，生産活動が未だ従前の水準まで回復していない。全体を通して比較してみると，第3次産業よりも鉱工業と製造業において生産の変動がより大きいことが見てとれる。鉱工業，製造業はGDP全体のごく一部を占めるに過ぎないが，このように生産の変動が大きいことから景気循環の引き金になり得る産業でもあるので，この鉱工業指数について詳しく見ておくことにしよう。

　図4-13は鉱工業指数の出荷と在庫と在庫率の推移を示している。本章の冒頭で確認したように，在庫率 $=\dfrac{在庫}{出荷}$ である。たとえば，リーマンショックの前後を見るとよく分かるように，景気後退期には出荷が減って在庫が増えるので在庫率は上昇する。他方，景気拡張期には出荷が増えて在庫が減るので在庫率は低下する。したがって，在庫と在庫率は同じ方向，出荷と在庫率は逆の方向に動くことになる。近年の状況を見ると，2020年には出荷が落ち込んだため，在庫率が急上昇したが，その後，在庫が抑制されたため，出荷の回復とともに一旦は在庫率が低下したことが見てとれる。新型コロナウイルス感染症の影響により消費活動が低迷すると出荷が滞って在庫が増加し，在庫率は依然として高い水準にある。

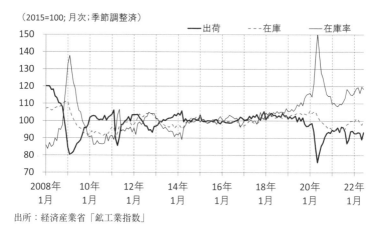

（2015=100; 月次；季節調整済）

出所：経済産業省「鉱工業指数」

図4-13　鉱工業指数（出荷・在庫）

　図4-14は鉱工業指数のうち生産能力と生産と稼働率の推移を示している。本章の冒頭で確認したように，稼働率＝$\dfrac{生産}{生産能力}$であり，太い実線で示されている。たとえば，リーマンショックの前後を見ると分かるように，景気後退期には生産が減るので稼働率が下降し，生産設備が過剰になる。他方，景気拡張期には生産が増えるので稼働率が上昇し，生産設備が不十分となる。生産設備の量である生産能力は短期間では変化しないので，生産と稼働率が同じ方向

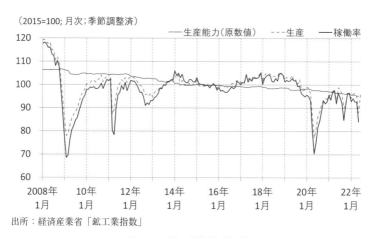

（2015=100; 月次；季節調整済）

出所：経済産業省「鉱工業指数」

図4-14　鉱工業指数（生産）

に動くことになる。近年の様子を見ると，新型コロナウイルス感染症による生産の停滞で大きく落ち込んでいた稼働率が回復してきたが，依然として従前よりも稼働率が低い状況にある。

在庫循環

　最後に在庫循環について考えたい。図4-15は，景気循環の第15循環以降の各四半期について，鉱工業指数の生産指数の変化率を横軸に，在庫指数の変化率を縦軸にとって示したものである。

　2009年の第1四半期から出発すると，概ね反時計回りに進んでいくが，この図の中で景気が最も良いのは右下の第IV象限である。特に2010年の第1四半期が最も景気が良い点であり，このとき，生産の変化率はおおよそ25％，在庫の変化率はおおよそ−10％である。生産を増やしているが，それでも在庫が減少しているということは，それだけ需要が多い，景気が良いことを意味する。

　ここから景気が悪化すると需要が減って在庫が増えていくので，在庫の変化率がプラスに転じ，右上の第I象限に移る。すると，企業はそれに応じて生産を減らしていくので，生産の変化率がマイナスに転じ，左上の第II象限に移る。

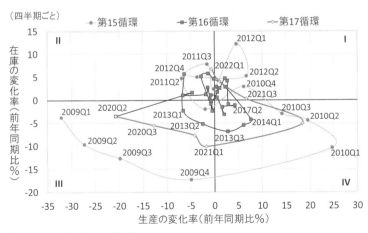

出所：経済産業省「鉱工業指数」

図4-15　在庫循環

ここでは生産が減っているのに在庫が積み上がっていく状況であり，最も景気が悪い。企業は生産をさらに減らし続けることによって在庫の減少を待ち，在庫の変化率がマイナスに転じると，左下の第Ⅲ象限に移る。在庫の調整が済んだところで景気が改善していくと再び生産を増やし，生産の変化率がプラスに転じるので，右下の第Ⅳ象限へと戻ってくる。

　このように在庫の増減によって生じる循環は在庫循環と呼ばれている。2022年の第1四半期は左上の第Ⅱ象限にあり，生産が減少しているが需要が少なく在庫が積み上がっている状況であった。その後は在庫調整が進むまでは生産が抑制されて景気が後退することが予想されるが，在庫調整を終えたところで生産は再び増加に転じ，景気が拡張していくことが予想される。

《計算問題》

・鉱工業製品の生産量が80，出荷量が50，生産能力が100であるとき，在庫率と稼働率はいくつか。(ヒント：表4-1)

（答え：在庫率 = 60%，稼働率 = 80%）

・鉱工業製品の生産量が70，出荷量が50，生産能力が125であるとき，在庫率と稼働率はいくつか。

（答え：在庫率 = 40%，稼働率 = 56%）

・法人企業景気予測調査の「貴社の景況」に関する回答が下表のような構成比であったとき，BSIはいくつか。(ヒント：注21)

	上昇	不変	下降	不明
構成比（%）	11	61	18	10

（答え：BSI = −7）

・法人企業景気予測調査の「生産・販売などのための設備」に関する回答が下表のような構成比であったとき，BSIはいくつか。

	不足	適正	過大	不明
構成比（%）	5	86	3	6

（答え：BSI = 2）

第5章
労働と雇用の動向

1. 家計労働の理論

家計労働

　まずは家計の労働について基本的な事項から確認していこう。マクロ経済循環（図1-1）において，労働力は家計から企業へと提供され，その対価として企業から家計へと賃金が支払われる。したがって，労働と雇用は一方では家計の消費支出に関係し，他方では企業の生産に関係している。言い換えれば，経済の需要側と供給側の両方に関係しているのが家計の労働の特徴である。

　図5-1のように，家計は希少な資源である時間をさまざまな活動に配分して使っている。時間を労働に費やせば，その分の賃金が得られる。他方，経済学では労働以外の時間はすべて余暇と呼ぶが，余暇に時間を費やせば賃金は得られないものの，効用は得られるはずである。このとき労働と余暇はトレードオフの関係，つまり，どちらか一方を取るともう一方を得られなくなる関係にある。家計が余暇のための時間を増やせば，その分の労働（と賃金）を諦めなければならず，逆に家計が労働のための時間を増やせば，その分の余暇を諦めな

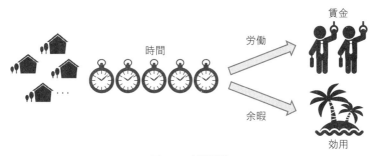

図5-1　家計労働

ければならない。

雇用量はどのようにして決まるか

　通常，実質賃金が増えると労働時間が伸びていくとされるが，実際に起きる現象はもう少し複雑である。家計がどのくらい働くことになるか，雇用量がどのようにして決まるかを考えるには，労働の供給側である家計と労働の需要側である企業の両方の事情が関係する。

　労働の供給側である家計の側から見ると，所得効果と代替効果と呼ばれる現象がある。所得効果とは，実質賃金が増大するとき，少ない労働時間で同じ金額の所得を得ることができるため，家計が余暇時間を増やし労働供給を減らす効果のことである。他方，代替効果とは，実質賃金が増大するとき，余暇時間を過ごすことの代償（経済学では「機会費用」と呼ぶ）が大きくなるため，家計が余暇時間を減らし労働供給を増やす効果のことである。実際にはこれら両方の効果が生じるはずであるので，家計部門全体を見たときに所得効果が代替効果より大きいときには経済全体の労働供給は減少し，所得効果が代替効果より小さいときには経済全体の労働供給は増加することになる。

　他方，労働の需要側である企業の側から見ると，実質賃金の増大はコスト増を意味する。したがって，実質賃金が増大すると，企業からの労働需要は減少する。企業は財・サービスに対する需要に合わせて生産量を調整していくが，それに応じて雇用量を調整するには2つの方法がある。1つは雇用者数を増減させるという方法，もう1つは雇用者数を増減させずに，既に雇用している労働者の労働時間を増減させて対応するという方法である。雇用者数×労働時間（人時）が経済全体の労働投入量を決定することになる。

　たとえば，ある企業が，受注した数量×100時間の労働を必要とし，当初の雇用人員は20であるが，四半期の所定外労働時間が100時間以上になったときは，次の四半期に雇用人員を5増やすとしよう。表5-1のように各四半期の受注した数量があれば，そこから必要な労働時間が定まり，それと雇用人員から必要な1人あたりの労働時間が定まる。所定内労働時間が400であれば，所定

表5-1 雇用調整の計算

	第1四半期	第2四半期	第3四半期	第4四半期
受注（需要）	80	90	100	100
必要労働時間	8,000	9,000	10,000	10,000
雇用人員	20	20	20	25
1人あたり労働時間	400	450	500	400
所定内労働時間	400	400	400	400
所定外労働時間	0	50	100	0

外で残りどのくらい働かなければならないかが定まる。

　第1四半期に受注した数量は80なので，必要な労働時間は100時間をかけて8,000時間である。雇用人員が20ならば，1人あたりの労働時間は$\frac{8000}{20}=400$，つまり所定内労働時間400時間でちょうど収まるので，所定外労働時間は0時間となる。次の四半期も雇用人員は増やさない。

　同様に第2四半期に受注した数量は90なので，必要な労働時間は9,000である。雇用人員は20のままなので，1人あたりの労働時間は450時間である。すると，所定内労働時間400時間では収まらないので，所定外労働時間として50時間働くことになる。ただし，これでも所定外労働時間が100時間以上になっていないので，次の四半期も雇用人員は増やさない。

　第3四半期は受注した数量が100なので，必要な労働時間は10,000時間である。雇用人員は変わらず20人なので，1人あたりの労働時間は500時間である。すると所定内労働時間400時間では収まらないので，所定外労働時間として100時間働く。ここで所定外労働時間が100時間以上になったので，人手が不足しているということで次の四半期に雇用人員を5増やす。

　第4四半期も受注した数量が100なので，必要な労働時間は10,000時間である。雇用人員は5増えて25人なので，1人あたりの労働時間は400である。すると所定内労働時間でちょうど収まるので，所定外労働時間は0時間になる。

　以上の単純な数値例が示唆しているように，通常，短期では労働時間，長期では雇用者数によって雇用が調整されていく。

2. 国民経済計算体系における労働と雇用

分配面から見たGDP

　次に国民経済計算体系の中で労働と雇用の位置付けを確認しよう。以前見た国民経済計算体系の中では，分配面から見たGDP（図1-8）に労働・雇用に関係する部分があった。GDP（国内総生産）は所得に関係する分配面から見るとGDI（国内総所得）と呼ばれ，その52％は雇用者報酬，つまり被雇用者，雇われている人に対する報酬である。13％は営業余剰や混合所得，つまり，法人企業や個人企業の所得である。

　GDP（またGDI）に海外から受け取る要素所得の純受取を加え，純間接税と固定資本減耗を除くと，国民所得（要素費用表示）という指標になる[22]。その一部が海外からの受け取り分も含めた労働者の取り分となり，残りが企業の取り分となる。

雇用者報酬と労働分配率

　図5-2の実線の折れ線グラフが国民所得（要素費用表示），棒グラフのうち灰色部分が雇用者報酬つまり労働者の取り分である。雇用者報酬が国民所得に占める割合を計算すると，点線の折れ線グラフで示されている労働分配率となる。2020年の労働分配率は75％であった。つまり，国民全体で得られた所得のうち75％が労働者の取り分になっているという意味である。

雇用者報酬と可処分所得

　労働分配率ではなく雇用者報酬の金額そのものの推移を見るときには，物価変動に注意しなければならない。図5-2において棒グラフで示されていた雇用

22）国民所得とGDPは，第1章の国民経済計算体系の概念図（図1-10）にも示されているように，次式の関係にある。
　　国民所得（要素費用表示）＝GDP－純間接税－固定資本減耗＋海外からの要素所得の純受取
　　国民所得（市場価格表示）＝GDP－固定資本減耗＋海外からの要素所得の純受取

（単位：10億円）

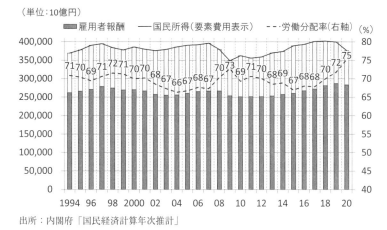

出所：内閣府「国民経済計算年次推計」

図5-2 雇用者報酬と労働分配率

者報酬の金額が，図5-3では灰色の点線の折れ線グラフで示されている。しかし，年によって物価変動があるため，同じ金額の所得であってもそれを使ったときの購買力（どのくらいのものを買えるか）が異なり，直接的な比較はできない。そこで2015年の物価を基準として調整された実質の雇用者報酬が灰色の

（単位：10億円；実質値は2015年基準）

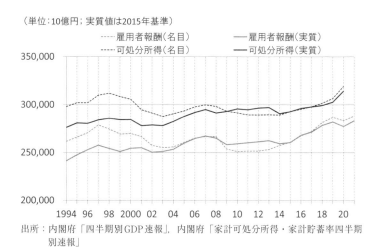

出所：内閣府「四半期別GDP速報」，内閣府「家計可処分所得・家計貯蓄率四半期別速報」

図5-3 雇用者報酬と可処分所得

実線で示されている。2014～2019年は物価変動を取り除いた実質で見ても雇用者報酬は増加していたが，2020年には一旦減少したことが分かる。

　また，雇用者報酬に給与以外の受け取りと支払いを反映すると，第3章で登場した可処分所得になる。図5-3の黒色の点線は名目の可処分所得，黒色の実線は実質の可処分所得を示している。これについても時系列で金額を比較するときには，必ず実質の値を見なければならない。実質可処分所得は，2014年以降は毎年増加し，2020年には新型コロナウイルス感染症の影響で労働者が受け取る雇用者報酬が減少したにもかかわらず，1人10万円の特別定額給付金が支給されたため，可処分所得は前年に比べて増加していることが見てとれる。

営業余剰・混合所得と資本分配率

　国民所得（要素費用表示）の内訳に話を戻すと，雇用者報酬以外の部分は営業余剰・混合所得，つまり企業の取り分になる。図5-4の実線の折れ線グラフは先ほどと同様の国民所得（要素費用表示）であり，棒グラフのうち灰色部分が営業余剰・混合所得である。営業余剰・混合所得が国民所得に占める割合を計算すると，点線の折れ線グラフの資本分配率になる。2020年の資本分配率

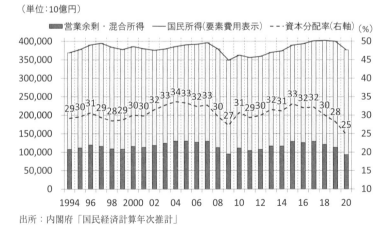

図5-4　営業余剰・混合所得と資本分配率

は25%であった。

　以上で見た労働分配率と資本分配率を足すと必ず100%になる。

　図5-5は日本と諸外国の労働分配率の推移を示している。図5-3では国民所得に占める雇用者報酬の割合で労働分配率を計算していたが，図5-5では総付加価値つまりGDPから純間接税を除いたものを分母にとって計算している。計算方法は少し異なるが，それでも日本の労働分配率がここに示された諸外国，特に欧米諸国よりも低いことが分かる。これは日本の平均的な賃金がこれらの国々よりも低い可能性を示唆しているので，後で確認することにしよう。

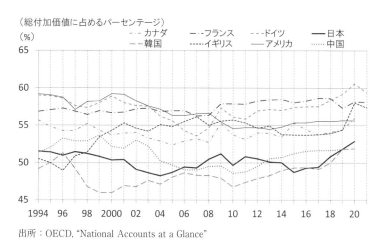

（総付加価値に占めるパーセンテージ）

図5-5　諸外国の労働分配率

出所：OECD, "National Accounts at a Glance"

3. 日本の労働者

就業者数および雇用者数

　次に日本の労働者について，日本でどのくらいの人が働いているかということから見ていこう。図5-6において一番上の線は就業者，つまり働いている人の総数であり，2021年には6,657万人が働いていた。このうち雇用者，つまり雇われている人，具体的に言えば，就業者のうち個人事業主と無給の家族従事者を除くすべての人を数え上げると，5,963万人であった。ここには法人企業

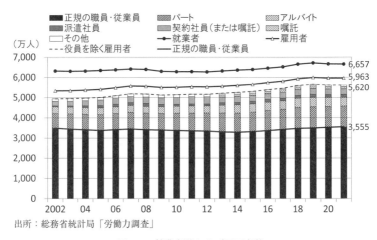

出所：総務省統計局「労働力調査」

図5-6　就業者数および雇用者数

の役員や特別職の公務員・議員等も含まれている。このうち正規の職員・従業員は3,555万人であり，残りは非正規である。

　2002年からの推移を見てみると，就業者全体の数が増えているが，そのうち正規の職員・従業員の数はほとんど変化がないので，増えているのは非正規の職員・従業員である。他方，2019〜2021年の変化を見てみると，正規の職員・従業員が増えている一方で，非正規の職員・従業員が減少し，全体として雇用者・就業者の数が減少している。

総実労働時間

　労働者1人あたりが働く時間の総数を総実労働時間と呼ぶ。2021年の1人あたり年間の総実労働時間は1,633時間であった。総実労働時間のうち，始業時刻から終業時刻までの間に労働した時間数を所定内労働時間，それ以外の時間や休日に労働した時間数は所定外労働時間と呼ぶ。

　図5-7を見ると，1990年以降，総実労働時間が徐々に減少してきたことが分かるが，特に減っているのは所定外労働時間でなく所定内労働時間の方である。

（時間；1人あたり年間）

出所：厚生労働省「毎月勤労統計調査」

図5-7　総実労働時間

現金給与総額

　働いた労働に対してどのくらいの給与が支払われているかを見てみよう。所定内労働に対して払われる給与は所定内給与額，所定外労働に対して払われる給与は所定外給与額あるいは超過労働給与額と呼ばれる。これら2つを合わせると，年間決まって支給する給与額と呼ぶ。この他に特別に支払われた給与，特別給与額があり，これはいわゆる賞与（ボーナス）の部分である。以上をすべて足すと現金給与総額と呼ぶ。

　図5-8を見ると現金給与総額は，1990年代の終わりから減少し始め，特にリーマンショックのときに著しく減少している。リーマンショック以降を見ると，所定内給与額と所定外給与額にはほとんど変化がない。増えたのは特別給与額，つまり賞与（ボーナス）の部分であるが，それでも総額としてはリーマンショック以前の水準には戻っていない。2020年の現金給与総額は2019年に比べてわずかに減少し，2021年の現金給与総額は2020年に比べてわずかに増加している。ただし，これは名目の金額なので，物価変動もふまえて考えるには実質で見なければならない。そのために実質賃金指数を使う。

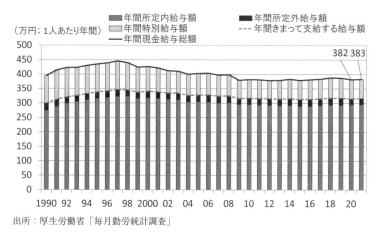

（万円；1人あたり年間）

凡例：
- 年間所定内給与額
- 年間特別給与額
- 年間現金給与総額
- 年間所定外給与額
- 年間きまって支給する給与額

382 383

出所：厚生労働省「毎月勤労統計調査」

図5-8　現金給与総額

実質賃金指数

　先ほどの現金給与総額を2015年を100として指数化したものが，図5-9における点線の名目賃金指数である。さらに2015年の物価を基準として物価変動を取り除くと，実線の実質賃金指数になる。近年は物価がわずかに上昇しているので，実質と名目を比べると，たとえば2018年の上昇が名目で見るほどに

（年平均，2015=100）

凡例：
- 名目賃金指数（現金給与総額）
- 実質賃金指数（現金給与総額）

101.2
100.9
102.1
99.8
98.6
98.6

出所：厚生労働省「毎月勤労統計調査」

図5-9　実質賃金指数

は大きくなかったこと，そして2019年の減少が名目で見るよりも実際には大きな賃金の下落であったことが分かる。2020年には名目と実質の両方で賃金指数が下落している。2021年には名目賃金指数が上昇したが，実質賃金指数は横ばいであった。

労働時間と賃金の国際比較

　諸外国と比較してみると，図5-10が年間の平均労働時間である。日本は2000年から223時間減って，2020年には年間1,598時間であった。諸外国を見るともっと労働時間が長い国もあるが短い国もある。

　他方，図5-11の年間の平均賃金を見ると，日本は2000年と比べると150ドル増えて，2020年には年間38,515ドルであった。図中に示した国の中ではドル換算で見たときに最も少ない。両方のグラフを見ると分かるように，賃金は必ずしも労働時間の長さに比例しているわけではない。年間の平均賃金を年間の平均労働時間で割ると1時間あたりの平均賃金となるが，日本について計算すると1時間あたり約24ドルである。もちろんここから税金や社会保険料が支払われていくことになる。

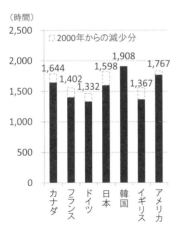

出所：OECD, "Labour Force Statistics"

図5-10　諸外国の年間平均労働時間

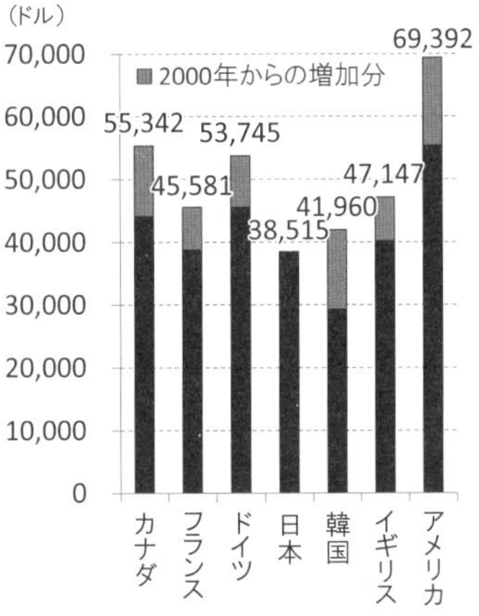

出所：OECD, "Employment Outlook"

図5-11　諸外国の年間平均賃金

給与における男女間・正規・非正規間格差

労働者全体ではなく男女間，正規・非正規という雇用形態間の違いに注目すると，先ほどの所定内給与額には明らかな格差が見られる。図5-12は，正社員・正職員であるか否か，そして男性であるか女性であるかによって所定内給与額の推移を示したものである。これを見ると，男女間の差は徐々に縮小しつつあるが，正規・非正規間の格差は順調に縮小してきたわけではない。いずれについてもいまだに大きな格差が残っている。

図5-13は特に2021年の所定内給与額について年齢による推移を示したものである。これを見ると，正社員・正職員の場合には年齢とともに給与額が順調に伸びていくが，非正規の場合にはあまり伸びず，そのため50代までは年齢が進むほど正規と非正規の間の給与格差が大きくなっていく。ただし60代になると，正規の社員・職員が非正規として再雇用される場合があるため，非正規の給与額が増加して正規・非正規間の格差が縮小している。

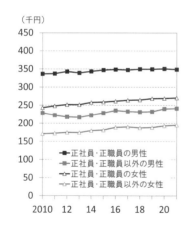

出所：厚生労働省「賃金構造基本統計調査」

図5-12　所定内給与額の推移

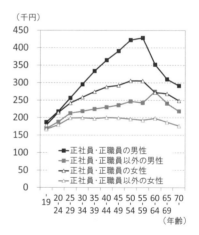

出所：厚生労働省「賃金構造基本統計調査」

図5-13　年齢階級別所定内給与額（2021年）

日本における所得の不平等

日本の全体を見ると，所得の不平等が長期的に拡大しつつある可能性が指摘

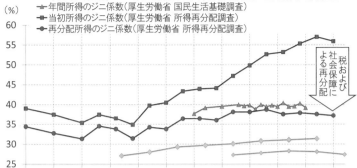

出所：総務省統計局「全国消費実態調査」，厚生労働省「国民生活基礎調査」，厚生労働省「所得再分配調査」

図5-14　日本における所得の不平等

されてきた。図5-14には3種類の統計調査に基づく5種類のジニ係数が示されている。ジニ係数とは，所得の不平等を表す指標であり，パーセンテージで表す際には0％から100％の間の値をとる。100％は完全な不平等，0％は完全な平等を意味する。5種類のジニ係数のうちの2つは，所得再分配調査という同一の調査によるものである。一方は当初所得のジニ係数であり，他方はそこから税や社会保障によって再分配が行われた後の再分配所得のジニ係数を示している。当初所得のジニ係数より再分配所得のジニ係数の方が低いということは，税や社会保障による再分配が行われ，所得の不平等が緩和されていることを意味する。5種類のどの調査に基づいても，長期で見ればジニ係数は徐々に上昇傾向にあったが，特に2014年以降について見ればジニ係数はわずかに低下していることも見てとれる。

4. 失業と労働参加

失業の種類

次に失業と労働参加の状況を確認していこう。経済学では3種類の失業を区

別する。1つ目は自発的失業である。これは労働者に現行の実質賃金で働く意思がなく，労働よりも余暇を選択するために生じる失業である。実質賃金に不満で自らの意思で働いていないわけであるから，これを減らすには賃金を上昇させるしかない。2つ目は非自発的失業である。労働者には現行の賃金で働く意思があるが，有効需要の不足によって生産が減り，雇用量が減少したために生じる失業である。これを減らすには財・サービスへの有効需要を増やす必要がある。3つ目は摩擦的・構造的失業である。労働者の側が求める産業・地域・職業と雇う企業の側の産業・地域・職業が異なり，その間の移動が不完全にしか行われないために生じる失業である。これを減らすには職業訓練や転職を促すような仕組みによって，労働市場の流動性を高めていく必要がある。

失業率の定義

　図5-15のように，統計上，全人口は働ける15歳以上人口と働けない15歳未満人口に分けられる。15歳以上人口のうち労働力人口には就業者と失業者が含まれる。労働力に関する調査は，通常，各月末の1週間に行われるが，その1週間の中で少しでも働いていた者は就業者とみなされる。それに対して，失業者は仕事がなく，ただし仕事を探しており，仕事があればすぐ就くことができる者と定められている。15歳以上人口のうち労働力人口に含まれない者はすべて非労働力人口であり，働いていない学生，家事従事者，高齢者を含む。

　よく見る失業率あるいは完全失業率というのは，失業者が労働力人口に占め

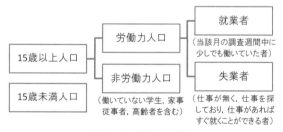

図5-15　失業者の定義

る割合のことである（完全失業率＝$\frac{\text{失業者}}{\text{労働力人口}}$）。また労働参加率とは，労働力人口が15歳以上人口に占める割合のことを指す（労働参加率＝$\frac{\text{労働力人口}}{\text{15歳以上人口}}$）。すると，先ほど見た3種類の失業のうち，失業者あるいは失業率に含まれるのは，非自発的失業と摩擦的・構造的失業である。自発的失業の状態にある人は働いていないが，仕事を探していないので，ここでの失業者の定義に該当しない。自発的失業者や求職意欲喪失者は，労働力人口ではなく非労働力人口に含まれることになるので注意が必要である。

労働力人口と非労働力人口

　図5-16は，1990年以降の労働力人口と非労働力人口の推移を示している。一番上の線が15歳以上人口の全体を示し，中程の線から下が労働力人口，それより上が非労働力人口である。これを見ると，15歳以上人口の全体はゆっくりと減少し始めているが，労働力人口については2012〜2019年は増加し続け，2021年にも増加している。これは従来，労働力人口でなかった家事・通学・その他による非労働力人口の一部が労働力人口へと徐々に転じてきたためである。その中にはもちろん高齢者の再雇用や再就職も含まれる。そのため総

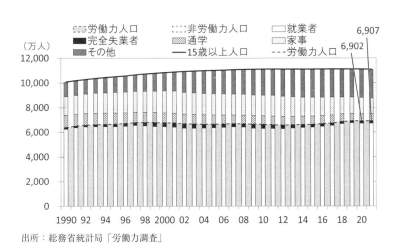

出所：総務省統計局「労働力調査」

図5-16　労働力人口と非労働力人口

人口が減って少子高齢化が進む中でも，労働力人口が大幅に減少する状況には
まだ至っていない。

労働参加における男女間格差

　先ほど給与における男女間格差を見たが，そもそもの労働参加においても男
女間で格差が見られる。図5-17は，1968年以降の男女別の労働参加率の推移
を示している。長期で見ると，男性の労働参加率は高齢化によって低下傾向，
女性の労働参加率は女性の社会進出によって上昇傾向にあったが，2021年に
は男性で71.3％，女性で53.5％と，依然として男女間で大きな格差がある。た
だし最近については図5-16で見たように非労働力人口が労働力人口へと移っ
ているので，男女ともに労働参加率は上昇している。

　他方，図5-18は1968年，それから約30年後の2000年，さらに約20年後の
2021年について，男女別年齢階級別の労働参加率を示している。これを見る
と，男性については20代後半から50代まで90％以上で平坦なグラフになって
いるが，女性については結婚や育児等に伴う退職によって労働参加率が低下す
るため，M字型になっている。ただし，時代とともに改善して徐々に平坦な

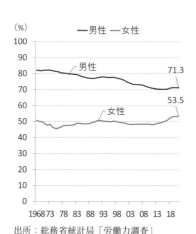

出所：総務省統計局「労働力調査」

図5-17　男女別の労働参加率

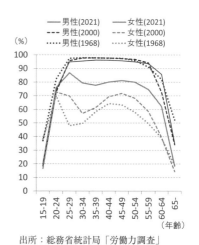

出所：総務省統計局「労働力調査」

図5-18　男女別・年齢階級別の労働参加率

96　　第1部　マクロ経済循環と景気動向

形に近づいていることが確認できる。また図5-17でも確認されたように，60代以上について，近年では労働参加率が以前よりも高まっていることが見てとれる。

失業率と有効求人倍率

今見た労働参加率（労働力人口比率）を性別にかかわらず示すと，図5-19の灰色の実線のように推移している。2021年の労働力人口比率（労働参加率）は62.1％であった。加えて，完全失業率と有効求人倍率も図示してある。2021年の完全失業率は2.8％，有効求人倍率は1.13倍であった。

有効求人倍率とは，公的職業安定所の求人票の数を求職者の数で割ったもので，1ならば求人票と求職者の数が同じであることを意味する。2010年以降，日本の労働市場の状況は改善し，失業率は低下し続け，有効求人倍率は上昇し続けていた。ところが，2020年以降は新型コロナウイルス感染症の影響により完全失業率が上昇，有効求人倍率は低下している。このように有効求人倍率と失業率は概ね反対方向に動く。

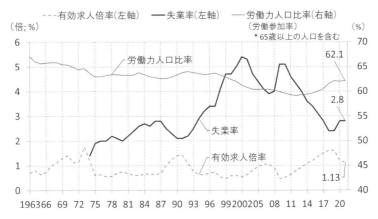

出所：総務省統計局「労働力調査」，厚生労働省「一般職業紹介状況」

図5-19　失業率と有効求人倍率

労働参加率と失業率の国際比較

　日本の労働参加率と失業率を諸外国と比較してみよう。図5-20のグラフで，棒グラフの灰色部分は2000年からの上昇分，点線で囲まれた白色部分は2000年からの低下分を示す。ここに示されたアメリカ以外の国では，20年の間に労働参加率が上昇しているが，図中では日本の労働参加率が一番高い（ただし，これは65歳以上の人口を除いて計算した場合の労働参加率である）。

　図5-21を見ると，ここに示された国のほとんどで20年の間に失業率は低下している。カナダとアメリカの高い失業率は，主として新型コロナウイルス感染症の影響による一時的なものであるが，いずれにしても日本の2.8％という失業率が他の先進国と比べても非常に低い水準であることが分かる。

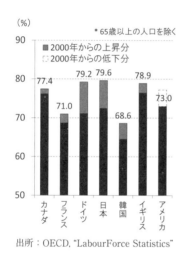

出所：OECD, "LabourForce Statistics"

図5-20　諸外国の労働参加率（2020年）

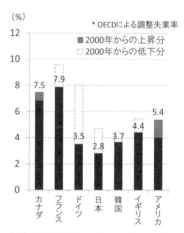

出所：OECD, "LabourForce Statistics"

図5-21　諸外国の失業率（2020年）

5. 企業の景況感と雇用

法人企業景気予測調査

　最後に企業の景況感と雇用について見ておきたい。企業の景況判断と雇用の関係を見るには，第4章でも登場した法人企業景気予測調査に注目する。図

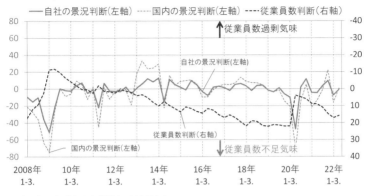

（四半期ごと; 大企業; 全産業）

出所：内閣府「法人企業景気予測調査」

図5-22　法人企業景気予測調査

5-22で太い点線で示されているのが，従業員数の過不足の判断である。上に行くと従業員数が過剰であること，下に行くと従業員数が不足であることの判断を示している。たとえば2009年頃を見ると，リーマンショックによって国内および自社の景況判断が悪化し，それに伴い従業員数が過剰気味となったことが分かる。他方，2013年以降，景気が改善して自社および国内の景況判断が良好になったことで従業員数は不足気味になったが，そのまま不足の状態が続いた。2020年には新型コロナウイルス感染症の影響により自社および国内の景況判断が急激に悪化したため，従業員数の判断は過剰気味に移行しつつあったが，その後は景況判断が改善したことによって従業員数は再び不足気味に向かっている。このグラフではゼロが中立的な判断の水準であるので，この調査が対象としている大企業に関して言えば，従業員数は過剰というよりは不足という判断の方が強いことを示している。

短観（雇用人員）

度々登場している日銀の短観にも関連する項目がある。図5-23に最も太い実線で示されているのは，雇用人員の過不足についてのディフュージョン・イ

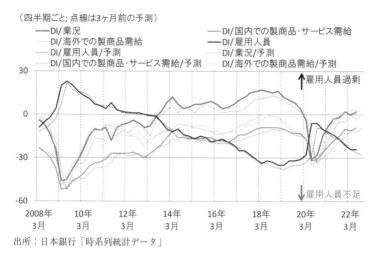

（四半期ごと; 点線は3ヶ月前の予測）
——DI/業況 ——DI/国内での製商品・サービス需給
——DI/海外での製商品需給 ——DI/雇用人員
……DI/雇用人員/予測 ……DI/業況/予測
……DI/国内での製商品・サービス需給/予測 ……DI/海外での製商品需給/予測

出所：日本銀行「時系列統計データ」

図5-23　短観（雇用人員）

ンデックスである。点線は3ヶ月前に企業が行った予測を示している。こちら
を見ても2020年は業況の悪化によって雇用人員は過剰に近づいていたが，そ
の後，業況が改善しつつあることにより雇用人員は再び不足の方向に向かって
いる。中立的な判断の基準であるゼロを下回っているので，やはり雇用人員は
依然として不足の状況にあることが分かる。点線の予測値を見ると，業況は改
善し，それにより雇用人員はさらに不足の方向に向かうことが予想されている。

雇用循環

　最後に雇用循環と呼ばれる現象に触れておこう。図5-24の横軸は常用雇用
指数の変化率である。常用雇用者とは期間を定めずに常に雇用されている労働
者のことであるが，その人数を指数化したものの変化率をとっている。縦軸に
は所定外労働時間を指数化したものの変化率をとっている。つまり，横軸は雇
用されている人数の増減，縦軸は超過労働として働いている時間数の増減を示
している。

　景気が良い時には生産が増えて雇用量も増えるはずであるから，この図で最
も景気が良いのは雇う人数が増え，超過労働として働く時間数も増えている右

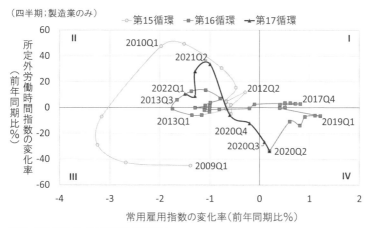

（四半期；製造業のみ）　〇第15循環　■第16循環　▲第17循環

出所：厚生労働省「毎月勤労統計調査」

図5-24　雇用循環

上の第Ⅰ象限，たとえば，2017年の第4四半期である。景気循環の第15循環以降，2009年第1四半期から値を辿っていくと，リーマンショックの影響で雇われる人数が減少していったが，やがて所定外労働時間，つまり超過で労働する時間数が増加に転じ，左上の第Ⅱ象限に移る。それにより雇われる人数の減少も収まっていくが，増加には転じなかった。雇われる人数が常に減少し続ける中で雇用が調整され，ようやく雇われる人数が増え始めたのが2015年の第2四半期である。その後，右上の第Ⅰ象限で所定外労働時間が増え続ける状況がある程度続いたが，そこから景気が悪化すると所定外労働時間がまず減少に転じ，右下の第Ⅳ象限に移る。2020年の第2四半期を見ると，常用雇用指数の変化率はプラス，所定内労働時間の変化率はマイナスであり，さらに景気悪化が続くと，常用雇用指数の変化率もマイナスとなって左下の第Ⅲ象限に移る。その後，所定外労働時間指数の変化率はプラスに転じ，左上の第Ⅱ象限に移った。2022年第1四半期は常用雇用指数の変化率がマイナス，所定外労働時間指数の変化率がプラスの状態である。

　この図を見ると，横軸の常用雇用指数の変化率は数％程度であるが，縦軸の所定外労働時間の変化率は数十％に達する。通常，雇用の調整は，まず所定外

労働時間の増減によって行われ，それでも調整しきれない場合に雇用者数を増減させることによって調整が生じるからである。このように常用雇用者と所定外労働時間数の増減によって生じる循環は雇用循環と呼ばれている。

《計算問題》

・国内総生産（GDP）が450兆円，固定資本減耗が100兆円，海外からの要素所得の純受取が25兆円，純間接税が25兆円であるとき，国民所得（要素費用表示）はいくつか。（ヒント：注22）

（答え：国民所得（要素費用表示）=350兆円）

・国内総生産（GDP）が550兆円，固定資本減耗が125兆円，海外からの要素所得の純受取が50兆円，純間接税が20兆円であるとき，可処分所得はいくつか。

（答え：国民所得（要素費用表示）=455兆円）

・国民所得（要素費用表示）が350兆円，雇用者報酬が210兆円，営業余剰・混合所得が140兆円であるとき，労働分配率と資本分配率はいくつか。（ヒント：図5-2，図5-4）

（答え：労働分配率=60％，資本分配率=40％）

・国民所得（要素費用表示）が455兆円，雇用者報酬が364兆円，営業余剰・混合所得が91兆円であるとき，労働分配率と資本分配率はいくつか。

（答え：労働分配率=80％，資本分配率=20％）

・15歳以上人口が1億1,000万人，労働力人口が7,700万人，完全失業者が77万人であるとき，失業率と労働参加率はいくつか。（ヒント：図5-15）

（答え：失業率=1％，労働参加率=70％）

・15歳以上人口が1億人，労働力人口が6,600万人，完全失業者が132万人であるとき，失業率と労働参加率はいくつか。

（答え：失業率=2％，労働参加率=66％）

第2部

日本の経済政策と景気動向

第6章
日本政府と財政政策の行方

1. 財政政策の理論

生産水準の決定

　まず財政政策の基本的な理論を確認していこう。マクロ経済学で最も重要な問題は，何が経済全体の生産水準，言い換えればGDPを決めるのかということである。実はこれには2つの見方がある。

　1つはセイの法則と呼ばれる。これはフランスの経済学者であったセイが考えた法則であり，生産された財・サービスは常に需要される，という法則である。財・サービスが常に売れると聞くと違和感を抱かれるかもしれないが，市場の価格調整によって，売れ残った場合には価格が下がっていくので売れるようになるということである。この場合，供給側つまりどのくらい作れるかということが生産と雇用の水準を決定することになる。

　もう1つの見方は有効需要の原理と呼ばれる。これはイギリスの経済学者であり，マクロ経済学の創始者であったケインズが考えた原理である。その考えによれば，生産された財・サービスは，人々が十分な可処分所得を持っているときにのみ需要される。この場合，需要側つまりどのくらい売れるかということが生産と雇用の水準，GDPを決定することになる。したがって，もし需要が少ない，物が売れないというときには，GDPが少なくなりすぎて失業が生じる恐れがある。その場合，政府は非自発的失業，望まない失業を減らすため，財政政策によって有効需要を創出すべきだということになる。

　今では多くの経済学者が供給側・需要側の両方が重

Jean-Baptiste Say
（1767-1832）

要であることを認めている。特に長期では価格メカニズムに任せるとうまくいくのではないかと考えられているが，少なくとも短期では政府による財政政策も必要であると考えられている。

財政政策とは

　一般に財政政策とは，政府が政府支出や税の増減によって景気変動の安定化を図る政策のことである。日本では内閣府の経済財政諮問会議によって主導されている。特に不況期には政府支出の拡大または減税によって需要を創出する。新たな需要が創出されると，企業にとっては，財・サービスが売れるようになり，生産拡大のための設備投資や雇用を増やしやすくなる。家計にとっては，雇用が増えるということは所得が増え，消費や住宅投資を増やしやすくなる。政府にとっては，政府支出の拡大または減税を行うと財政収支が悪化するが，景気が拡大すれば税収が増える可能性がある。

　以上は能動的に行う財政政策であるが，他方でビルトイン・スタビライザーと呼ばれる仕組みがある。これは政府が能動的に財政政策を行わなくても財政制度によって景気変動が小さくなるよう自動的に調整される仕組みである。たとえば累進課税制度により，所得税は所得が多い人ほど税率が高くなるようになっている。すると，好況期には所得が増える人が多いので，税率が上がって徴税額が増え，その分だけ景気が抑制される。逆に不況期には所得が減る人が多いので，税率が下がって徴税額が減り，その分だけ景気が刺激される。あるいは社会保障制度によって，不況期には失業保険の支払いが増え，好況期には失業保険の支払いが減るので，景気変動が調整される。

財政政策の波及経路

　マクロ経済循環（図1-1）において，財政政策によって政府支出を増やすと政府部門の財・サービス市場に対する支出が増えるし，減税すると家計の可処分所得が増えるので消費支出が増えるはずである。いずれにしても財・サービスがより多く売れるようになるので，企業は生産を増やそうとするはずである。

生産を増やすためには，より多くの設備投資を行ったり，より多くの人手を雇用するために家計により多くの賃金を支払ったりするかもしれない。すると家計部門の全体が得る可処分所得は増えるので，再び消費が増えて物が多く売れ，より多くの生産が行われるようになるはずである。このような好循環をもたらすことが財政政策の狙いである。

平均消費性向と限界消費性向

　今見たような財政政策の効果を考えるときに重要になるのが，消費性向という考え方である。図3-1のように，家計部門が可処分所得を得ると，その一部は消費，残りは貯蓄となった。受け取った所得を Y，税金を T とすると，可処分所得は $Y-T$ であり，消費を C，貯蓄を S とすると，可処分所得のうち消費となる割合は $\dfrac{C}{Y-T}$ と表された。これは第3章で触れた平均消費性向である。

　他方，図6-1のように，可処分所得の総額ではなくて増分（増えた部分）に注目することもできる。可処分所得の増分のうち，消費に回った金額は消費の増分となるので ΔC，貯蓄に回った金額は貯蓄の増分となるので ΔS と表す（デルタ記号 Δ は，増分あるいは変化量という意味である）。すると，可処分所得の増分のうち消費の増分となる割合は $\dfrac{\Delta C}{\Delta(Y-T)}$ と表され，限界消費性向と呼ばれる。また，可処分所得の増分のうち貯蓄の増分となる割合は $\dfrac{\Delta S}{\Delta(Y-T)}\left(=1-\dfrac{\Delta C}{\Delta(Y-T)}\right)$ で

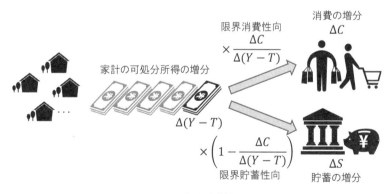

図6-1　限界消費性向

あり，限界貯蓄性向と呼ばれる。可処分所得の増分は必ず消費か貯蓄のいずれかに回ることになるので，限界消費性向と限界貯蓄性向を足すと必ず1，つまり100％になる。

そこで，本章では平均消費性向ではなくこの限界消費性向，つまり，経済が動いていく中で順次増えていく部分に注目した場合の消費性向を考えていこう。

政府支出の乗数効果

限界消費性向は0％と100％の間，小数にして0と1の間の値をとる。その値をc_1として限界消費性向が及ぼす影響を考えてみよう。図6-2のように，政府支出がΔGという金額だけ増加すると，その分，財・サービスが売れるようになり，同じだけ生産が増加する。新たにΔGという大きさの生産が増加し，それが売れたとすると，所得も同じだけ増えることになる。ここまでを見ると，需要と供給と所得，言い換えれば，支出面と生産面と分配面が等しくなっている（三面等価の原則）。その後，所得の増分の一部は貯蓄に回ってしまうが，残りは再び消費に回るはずである。消費に回る割合，つまり限界消費性向がc_1のとき，消費の増分は$c_1 \times \Delta G$，残りの貯蓄に回る割合は$(1 - c_1) \times \Delta G$となる。$(1 - c_1) \times \Delta G$という金額だけ消費が新たに増えたとき，同じだけの生産が増え，それが売れると所得が増える。所得が増えたら，その一部は貯蓄に回ってしまうが，残りは再び消費に回るはずである。消費の増分は再び生産の増分となり，

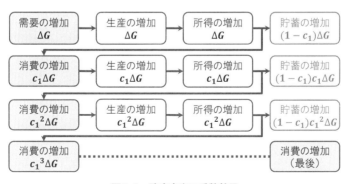

図6-2　政府支出の乗数効果

所得の増分となる。そして増えた分の所得は一部が貯蓄に回るが，残りは再び消費に回る。

　このようなプロセスを経ていくと，図中の灰色で塗られた部分がすべて，経済全体における需要の増加になる。GDPの増加分をΔYとすると，すべて足し合わせれば以下のような式になり，整理すると$\Delta G \times \dfrac{1}{1-c_1}$という形になる。

$$\Delta Y = \Delta G + c_1 \Delta G + c_1^2 \Delta G + c_1^3 \Delta G + ... = \Delta G \left(\frac{1}{1-c_1} \right)$$

これは最初の需要増ΔGの$\dfrac{1}{1-c_1}$倍の需要が生じたということであり，この$\dfrac{1}{1-c_1}$を政府支出乗数と呼ぶ[23]。このように需要の増分が雪だるま式に増えていく仕組みを乗数効果または乗数メカニズムと呼ぶ。

増税の乗数効果

　今度は増税の場合を考えよう。図6-3のように，税金がΔTという金額だけ増加したとき，家計にとって可処分所得が減少する。したがって，$-1 \times \Delta T$としておこう。可処分所得が減るということは，その分，生じていたはずの貯蓄が減少し，そして消費も減少する。限界消費性向がc_1ならば，消費の減少分は$-c_1 \times \Delta T$，貯蓄の減少分は$-(1-c_1) \times \Delta T$となる。消費が減少すると，経済全体で需要が減少するということであるので，その分，財・サービスが売れなくなって生産が減る。生産が減るとその分，所得が減る。所得が減るということは，その分，生じていたはずの消費が減少する。消費が減少するということは，その分の生産は減るはずであり，所得が減るはずである。したがってさらに消費が減少するはずである。このように考えていくと，図中の灰色で塗られた部分がすべて需要の減少分になる。GDPの増加分をΔYとすると，すべて足し合わせれば以下のような式になり，整理すると$\Delta T \times \left(-\dfrac{c_1}{1-c_1} \right)$という形になる。

---

23) たとえば，家計が可処分所得の増分の4割を消費に費やし，政府支出の増分が60兆円であったとしたら，$c_1 = 0.4$，$\Delta G = 60$兆円であるので，$\Delta Y = \Delta G \times \dfrac{1}{1-c_1} = 60 \times \dfrac{1}{1-0.4} = 100$兆円となり，生産水準GDPは100兆円だけ増加する。

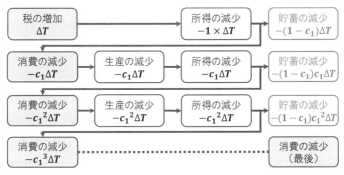

図6-3 増税の乗数効果

$$\Delta Y = -c_1 \Delta T - c_1^2 \Delta T - c_1^3 \Delta T + \dots = \Delta T \left(-\frac{c_1}{1-c_1} \right)$$

これは最初の増税 ΔT の $-\dfrac{c_1}{1-c_1}$ 倍の需要が生じたということであり、この $-\dfrac{c_1}{1-c_1}$ を増税乗数と呼ぶ[24]。増税の場合には ΔT はプラスの値をとり、$1-c_1$ と c_1 はプラスの値なので増税乗数はマイナスの値をとる。したがって、ΔY はマイナスの値となり、GDPは減少する。他方、減税の場合には ΔT はマイナスの値をとるので、ΔY はプラスの値となり、GDPは増加する。

財政政策の波及プロセス

　以上のような乗数効果をふまえると、財政政策の影響は図6-4のように波及していくと考えられる。政府支出の拡大か減税を行って乗数効果によって派生需要が生み出されると、生産水準が上昇し、生産が増える。それによって人手が必要となり、労働需要が増加する。実際に人が雇われると雇用量が増加するので、家計部門全体で見ると所得水準が上昇する。それによって財・サービスへの需要が増え、物価が上昇していくが、貨幣市場では取引のためにより多くの貨幣が必要とされるので貨幣需要が増加し、他方で物価が上昇すると供給さ

---

24) たとえば、家計が可処分所得の増分の4割を消費に費やし、税金の増分が60兆円であったとしたら、$c_1 = 0.4$、$\Delta T = 60$兆円であるので、$\Delta Y = \Delta T \times \left(-\dfrac{c_1}{1-c_1} \right) = 60 \times \left(-\dfrac{0.4}{1-0.4} \right) = -40$兆円となり、生産水準GDPは40兆円だけ減少する。

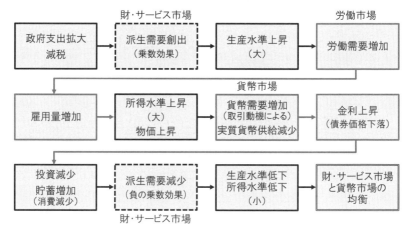

図6-4　財政政策の波及プロセス

れた貨幣で買えるものは減っていくので実質的な貨幣供給量は減少していく。これによって金利が上昇する。金利が上昇するとお金を借りにくくなるので，企業の設備投資や家計の住宅投資が減少する。他方，貯蓄が増加するが，その分，消費は減少するはずである。これによってマイナスの乗数効果が生じ，派生需要が若干減少する。その分，生産水準，所得水準は少し低下することになるが，それでも増分の方が大きいはずである。そして，財・サービス市場と貨幣市場のそれぞれで需要と供給が再び均衡に至る。このように，財政政策の影響は財・サービス市場，労働市場，貨幣市場にまたがって生じていくものである。

　財政政策（政府支出拡大または減税の場合）の主な影響を確認しておくと，生産水準・所得水準は上昇，物価も上昇，金利も上昇するというのが，財政政策の一般的な効果である。

財政政策に反対の議論

　他方で，財政政策には反対の議論もあるので，3つほど紹介しておこう。1つ目は，クラウディング・アウトと呼ばれる現象である。政府支出が増えると

図6-4のように貨幣需要が増大するが，すると金利が上昇するのでお金を借りづらくなり，民間の資金調達や投資が締め出されてしまうという指摘である。

　2つ目は，リカード＝バローの中立性命題と呼ばれる[25]。政府が政府支出を増やしたとき，仮にその支出が将来の増税，つまり所得の減少によって賄われると人々が予測した場合，国債を発行して財政政策を行っても人々は消費を増やさないという理論である。

　3つ目は，ブキャナン＝ワグナーの仮説と呼ばれる[26]。日本や多くの先進諸国のように議会制民主主義をとっている場合，政府やその議員はどうしても拡張的な財政政策，政府支出を増やす方向の政策ばかりを採用する傾向が生じてしまう。その結果，必要以上に公的部門が大きくなってしまうという議論である。

2. 国民経済計算体系における政府

生産面，分配面，支出面から見たGDP

　次に国民経済計算体系の中で政府の位置付けを確認しよう。生産面から見たGDP（図1-7）では，政府は公務つまり公共サービスの生産者として登場していた。これはGDP全体の5%ほどである。分配面から見たGDP（図1-8）では，政府は税と補助金として現れる。生産輸入品に課される税から補助金を引いた純間接税がGDP全体の8.3%を占めている。支出面から見たGDP（図1-9）では，政府は政府最終消費支出，公的固定資本形成，公的在庫品増加として現れ，これらをすべて足すと政府支出はGDP全体の27%ほどである。以上のように政府は，公共サービスを生産し，税を徴収し，財・サービスに対して支出するという活動を通してGDPの三面に現れる。

25) Barro, R. J. (1974), "Are government bonds net wealth?," *Journal of Political Economy*, vol. 82, no. 6, pp. 1095-1117.
26) ジェームズ・M・ブキャナン，リチャード・E・ワグナー著，大野一訳 (2014)『赤字の民主主義—ケインズが遺したもの』日本経済新聞社。

国民経済計算体系における政府支出

　図6-5は支出面から見たGDPを1994年以降の時系列で捉えたものである。実線の折れ線グラフはGDPの金額を名目で示している。棒グラフの黒色部分は政府最終消費支出，灰色部分は公的総固定資本形成，そして金額が小さすぎるので図中では見えないが，その上に公的在庫変動がある。先ほど確認したように，この3つを足すといわゆる政府支出になる。そして，政府支出がGDPに占める比率を点線の折れ線グラフで示している。これを見ると，2007年までは政府支出のGDPに占める比率は低下傾向にあったが，2008〜2009年になると再び増加し始める。リーマンショックの際の景気対策，その後のアベノミクスにおける積極的な財政政策によって政府支出が増加したためである。また，2020年には新型コロナウイルス感染症の影響によるGDPの減少によって政府支出の占める比率が上昇している。ただし，政府支出のうち固定資本に関わる部分，つまり，道路や建物などの公共事業に関わる公的総固定資本形成については，金額で見ると1990年代に比べて減少している。

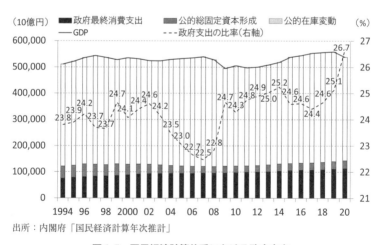

出所：内閣府「国民経済計算年次推計」

図6-5　国民経済計算体系における政府支出

政府部門における総固定資本形成

　特に総固定資本形成の部分について諸外国と比較すると，図6-6のように推移している。国によって経済規模が違うので，それぞれGDPに占めるパーセンテージ，GDP比で比較をしていく。これを見ると1990年代には，日本の総固定資本形成の比率は諸外国よりも高かったが，徐々に低下して今では諸外国と同水準以下になっている。これは先ほども触れたように，1990年代に比べて，公共事業が減少してきたためである。

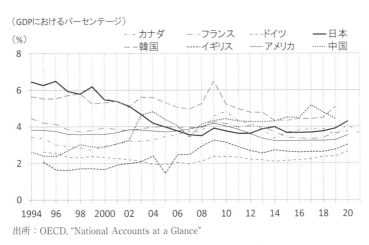

（GDPにおけるパーセンテージ）

出所：OECD, "National Accounts at a Glance"

図6-6　諸外国の政府部門による総固定資本形成

3. 日本の財政政策

公共事業関係費の推移

　次に日本の財政政策について見ていこう。図6-7は公共事業関係費の推移を示している。この増減は何よりも政権によるところが大きい。2009年度までは自公連立政権であったが，2009年9月から政権が変わり，2012年度までは民主党政権であった。「コンクリートから人へ」というスローガンが掲げられて行政刷新会議，いわゆる事業仕分けが行われた。そのもとで公共事業関係費は

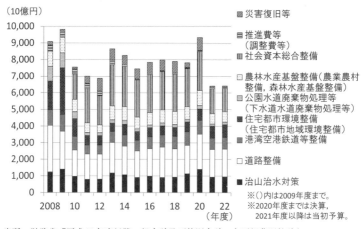

（10億円）

■ 災害復旧等

☰ 推進費等
（調整費等）
▥ 社会資本総合整備

□ 農林水産基盤整備（農業農村
整備，森林水産基盤整備）

▨ 公園水道廃棄物処理等
（下水道水道廃棄物処理等）

■ 住宅都市環境整備
（住宅都市地域環境整備）

▩ 港湾空港鉄道等整備

□ 道路整備

■ 治山治水対策

※（）内は2009年度まで。
※2020年度までは決算，
2021年度以降は当初予算。

出所：財務省「平成20年度以降一般会計及び特別会計の主要経費別純計」

図6-7　公共事業関係費の推移

大きく削減されている。内訳の分類は2010年度から変わっているため，2009年度以前と安易に比較することはできないが，総額としても減っていることが見てとれる。2012年12月には自公連立政権に戻るが，それ以降は東日本大震災からの復興や「国土強靭化」が唱えられ，公共事業関係費は再び増加することとなった。それでも図6-6において確認されたように，政府部門による総固定資本形成は1990年代に比べれば少ない状況にある。

国民負担率

　では，国民の負担は減ってきたのであろうか。図6-8の実線の折れ線グラフは第5章でも登場した国民所得である。そして棒グラフの黒色部分は租税負担，つまり税金の支払い，灰色部分は社会保障負担，つまり社会保険料の支払いを示している。租税負担と社会保障負担を足し合わせたものを国民負担と呼び，国民負担の国民所得に対する比率を国民負担率と呼ぶ。これを見ると，日本の国民負担率は2000年代に入ってから次第に上昇してきた。その主な原因はよく知られているように，少子高齢化に伴う社会保障費の拡大である。

※2020年度までは実績，2021年度は実績見込み，2022年度は見通し

出所：財務省「国民負担率（対国民所得比）の推移」

図6-8　国民負担率

社会保障給付と社会保険料

　図6-9の実線の折れ線グラフは社会保障給付，つまり政府にとっての社会保障の費用を示している。その内訳は，棒グラフの黒色部分が医療関係，白色部分が年金関係，灰色部分が福祉・その他の費用である。この費用の総額が何らかの形で国民によって負担されなければならないが，実際に支払われている社

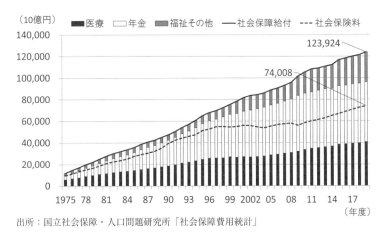

出所：国立社会保障・人口問題研究所「社会保障費用統計」

図6-9　社会保障給付と社会保険料

会保険料は点線の折れ線グラフで示された金額にとどまっている。社会保障給付と社会保険料の間の差の部分は，社会保険料以外の手段で政府が補填しなければならず，そのための原資は税として徴収するか，あるいは国債を発行することにより賄わなければならない。

国民負担率と社会的支出

　図6-10は国民負担と社会保障について国際比較をするための図である。横軸には先ほどと同じ国民負担率を対GDP比でとっている。縦軸には社会的支出の対GDP比をとっており，これは先ほどの社会保障給付よりもやや広い概念になるが，ほぼ同じものであると考えてよかろう。OECD諸国のうちデータを利用可能な国について，国民負担率と社会的支出の対GDP比の値の対を点で示していくとこの図のように分布する。

　グラフの縦軸では，上方に社会的支出の多い国，つまり高福祉の国，下方に社会的支出の少ない国，つまり低福祉の国が現れる。グラフの横軸では，左側に国民負担つまり税や社会保障の負担が少ない国，右側に税や社会保障の負担が多い国が現れる。全体の分布に概ね右上がりの相関関係が見られるというこ

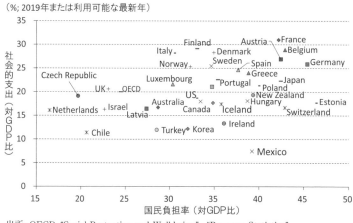

出所: OECD, "Social Protection and Well-being", "Revenue Statistics"

図6-10　国民負担率と社会的支出

とは，高福祉の国家ほど国民負担率が高くなるということを示唆している。日本の位置を確認すると，社会的支出は中程度であるが，国民負担率は社会的支出が同程度の国で比べると，最も右に位置している。つまり，日本はそれなりに福祉の充実した国であることは確かであるが，それに見合う負担という意味で考えても国民の負担が過度に重くなっていることが懸念される。

法人税率と消費税率

　日本の法人税率と消費税率を諸外国と比べると，図6-11と図6-12のようになっている。図6-11は一般政府の法人税率であり，棒グラフの黒色部分は2021年の法人税率，そして点線で囲まれた白色部分は2000年からの減少分を表している。これを見ると，多くの国で法人税率を引き下げてきたことが分かる。日本も企業の競争力を高めることが重要であるとの考えから法人税率を引き下げてきたが，さらに低い国々もあることが見てとれる。

　図6-12は付加価値税あるいは財・サービス税の率を示している。棒グラフの灰色部分は2000年と比べた増加分，点線で囲まれた白色部分は減少分であ

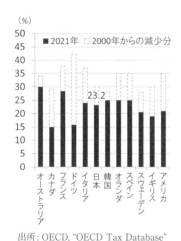

出所: OECD, "OECD Tax Database"

図6-11　諸外国の法人税率（2021年）

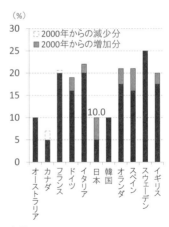

出所: OECD, "OECD Tax Database"

図6-12　諸外国の付加価値税/財・サービス税率（2021年）

る。ここに示されたOECD諸国の中では付加価値税，財・サービス税を引き上げてきた国と，引き下げてきた国がある。日本は度重なる増税を経て消費税率が10%となったが，それでもここに示された国々の多くと比べれば同程度か，より低い水準にある。

主な租税の収入額

　図6-13は，日本の主な租税の収入額を示している。グラフに描かれているのは，所得税，法人税，相続税，物品税，消費税，酒税，たばこ税，揮発油税であるが，一般会計にはその他に石油ガス税，航空機燃料税，石油石炭税，電源開発促進税，自動車重量税，関税，とん税，印紙収入がある。なお，物品税は1989年まで特定の品目に対して課されていた税であり，それが廃止されて消費税が導入された。

　これを見ると，所得税と法人税はバブル崩壊やリーマンショック，世界金融危機のような景気後退期には大きく減少しているのに対して，消費税の収入は相対的に安定している。したがって，日本政府は最も安定的な財源になり得る税として，何よりも消費税を引き上げようとしてきたのである。消費税は3%

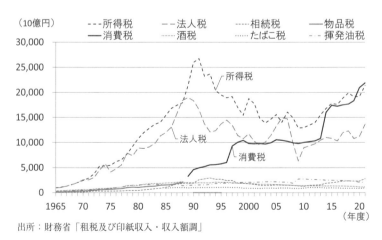

図6-13　主な租税の収入額

で始まって1997年に5％，2014年に8％，そして2019年に10％に引き上げられた。それぞれの消費増税の際には消費税の税収が大幅に上昇していることが見てとれる。かつては所得税からの収入が最大であったが，2020年度以降は消費税からの収入が所得税からの収入を上回るようになっている。

4. 日本の財政状況

一般会計予算

　最後に日本の財政状況を見ておこう。図6-14は2022年度の一般会計予算を示している。ただしこれは当初予算のみを示しおり，この後に補正予算が組まれていく。当初予算ではおおよそ107兆円であった。

　歳入では先ほどの所得税，法人税，消費税が大きな部分を占めているが，やはり予算の段階では所得税よりも消費税の収入が大きく見積もられている。その他の税と印紙収入，その他の収入を加えると，約66％を占めている。歳入のうち残りの約34％は公債金収入，つまり，国債発行による収入である。このうち特例公債というのは赤字を埋め合わせるための国債，いわゆる赤字国債である。他方，建設公債は道路や公共施設の建設のために発行される国債であ

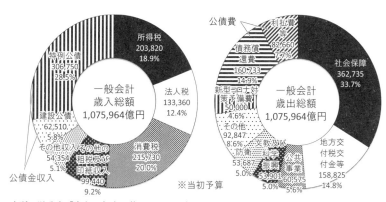

出所：財務省「令和4年度予算のポイント」

図6-14　令和4年度一般会計予算（2022年度）

り，便益を受ける将来世代にも負担を求めるために発行される。

　歳出を見ると，社会保障関係費，地方交付税交付金と公共事業で約54％，その他の支出を加えると約77％を占めている。残りの部分，約23％は公債費，つまり過去の国債の返済，債務償還，利払いの費用である。日本政府は部分的には過去の国債発行のために，さらに国債を発行しなければならない状況にあると言えよう。よく聞く基礎的財政収支，プライマリー・バランスは，歳入のうち公債金収入を除いた部分と，歳出のうち公債費を除いた部分とのバランスのことである。両部分の収支を計算すると，日本のプライマリー・バランスは約11％のマイナス，金額にして約11兆円の赤字となる。

国債発行額と国債依存度

　今見たような財政赤字は，単年度の問題ではなく，長年にわたって続いてきた状況である。図6-15において，細い実線の折れ線グラフは歳出の金額，点線の折れ線グラフは租税及び印紙収入を示している。歳出と租税及び印紙収入の差の部分は，図6-14に示されていたその他の収入でわずかに賄うか，やは

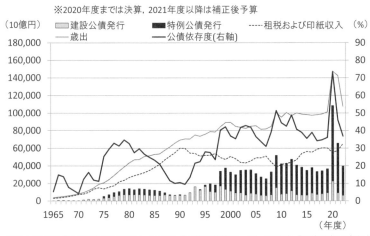

出所：財務省「国債発行額の推移」，財務省「予算決算等データ」，財務省「国債発行予定額」

図6-15　国債発行額と国債依存度

り残りは国債発行によって賄うしかない。そのために年々発行されてきた国債の額が図6-15の棒グラフである。棒グラフの灰色部分が建設公債，黒色部分が特例公債である。それらを合わせて計算すると，公債依存度，つまり歳出に占める国債発行額の比率は，太い実線の折れ線グラフのようになる。特に2020年度以降は，新型コロナウイルス感染症の対策のために大型の補正予算が組まれたため，国債の発行も予定以上に増え，公債依存度は50％を超えた。

国債残高と国債費

　先ほどの図6-15は，いわばフローから見た国債の発行状況であるが，残高，ストックとして見た場合には，図6-16のような状況にある。国債の発行残高は年々増えており，この残高をいずれ償還（返済）しなければならないが，そのために毎年巨額の費用を払い続けなければならない。それが図中に実線の折れ線グラフで示されている国債費である。特にその一部をなす利払費は，図中に点線の折れ線グラフで示されているように，これまでは低金利によって低く抑えられてきたが，仮に今後金利が上昇するような局面になった場合には，新たな国債の発行が難しくなっていく恐れがある。

※2020年度までは決算，2021年度は補正後予算，2022年度は予算に基づく見込み

出所：財務省「一般会計公債発行額の推移」

図6-16　国債残高と国債費

一般政府財政収支

　財政収支についても諸外国と比較をしておこう。図6-17は，一般政府の財政収支を対GDP比で示したものである。これがゼロより上のときは財政黒字，ゼロより下のときは財政赤字を意味する。これを見ると，たとえばリーマンショック，世界金融危機のとき，多くの国が財政出動を行ったので財政収支が揃って悪化したが，2020年以降においても新型コロナウイルス感染症の影響で多くの国で財政赤字に転じていることが分かる。

　そして図6-18は，先ほどのプライマリー・バランスに置き換えてみた場合のグラフである。プライマリー・バランスで見ると，財政収支で見た場合より状況が良い国もあるが，日本の場合はほぼ変わらず，－6％近くの赤字である。

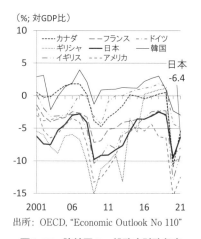

出所：OECD, "Economic Outlook No 110"

図6-17　諸外国の一般政府財政収支

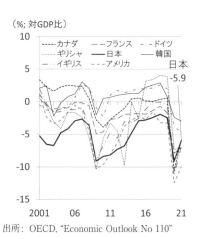

出所：OECD, "Economic Outlook No 110"

図6-18　諸外国のプライマリー・バランス

一般政府債務残高

　財政赤字の蓄積は，債務残高になっていく。図6-19は総債務残高を示しており，これは国債，借入金，短期証券等の債務の合計である。日本は対GDP比で242％以上の債務残高を抱えており，これはかつて2010年にデフォルト（債務不履行）の危機にあったギリシャよりも悪い状況である。

　日本は巨額の債務残高だけでなく金融資産も多く保有している。しかしなが

ら，総債務残高から政府の金融資産を引いた純債務残高は，図6-20に示されているように推移してきた。日本は純債務残高で見ても対GDP比で142％以上の純債務残高を抱えており，改善の兆しは見られない。

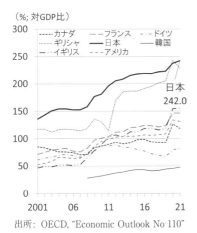

出所：OECD, "Economic Outlook No 110"

図6-19　一般政府総債務残高

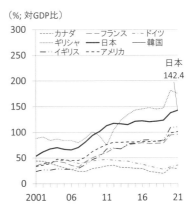

出所：OECD, "Economic Outlook No 110"

図6-20　一般政府純債務残高

《計算問題》

・家計が可処分所得の増分の4割を消費に費やすとき，政府支出が60兆円増加したら生産水準はどのように変化するか。（ヒント：注23）

（答え：ΔY=100兆円）

・家計が可処分所得の増分の8割を消費に費やすとき，政府支出が60兆円増加したら生産水準はどのように変化するか。

（答え：ΔY=300兆円）

・家計が可処分所得の増分の8割を消費に費やすとき，生産水準を200兆円上昇させるにはどのくらいの政府支出の増加が必要か。

（答え：ΔG=40兆円）

・家計が可処分所得の増分の4割を消費に費やすとき，税金が60兆円増加したら生産水準はどのように変化するか。（ヒント：注24）

（答え：$\Delta Y = -40$兆円）

・家計が可処分所得の増分の8割を消費に費やすとき，税金が60兆円減少したら生産水準はどのように変化するか。

（答え：$\Delta Y = 240$兆円）

・家計が可処分所得の増分の8割を消費に費やすとき，生産水準を200兆円上昇させるにはどのくらいの税金の減少が必要か。

（答え：$\Delta T = -50$兆円）

・国民所得が400兆円，税金が100兆円，社会保険料が50兆円であるとき，国民負担率はいくつか。（ヒント：図6-8）

（答え：37.5%）

・国民所得が410兆円，税金が104兆円，社会保険料が60兆円であるとき，国民負担率はいくつか。

（答え：40%）

・一般会計の歳入および歳出が100兆円，公債金収入が30兆円，公債費が20兆円であるとき，公債依存度と基礎的財政収支（プライマリー・バランス）はいくつか。（ヒント：図6-14）

（答え：公債依存度＝30%，基礎的財政収支＝10兆円赤字）

・一般会計の歳入および歳出が120兆円，公債金収入が30兆円，公債費が15兆円であるとき，公債依存度と基礎的財政収支（プライマリー・バランス）はいくつか。

（答え：公債依存度＝25%，基礎的財政収支＝15兆円赤字）

第7章
日本銀行と金融政策の行方

1. 金融政策の理論

2つの貨幣観

　まず金融政策の基本的な理論を確認していこう。マクロ経済学には大きく分けると2つの貨幣の見方がある。

　1つは貨幣ヴェール観と呼ばれる。貨幣量は生産，消費，貯蓄，投資，雇用のような実物経済には影響を与えないとする見方である。この見方に立つと，経済変動を安定化させるには貨幣量が一定に保たれるべきであるという考え（中立貨幣論）に至る。

　もう1つはケインズ的貨幣観と呼ばれる。貨幣量は金利に影響を与え，したがって実物経済の投資や貯蓄に影響を与えるという見方である。この見方に立つと，経済変動を安定化させるには貨幣量が裁量的にコントロールされるべきだという考え（安定貨幣論）に至る。不況下では，中央銀行は投資を促進し，貯蓄を抑制（消費を促進）するために，貨幣量を増やして金利を下げる政策をとることになる。

金融政策とは

　金融政策とは，中央銀行が貨幣量や金利の増減によって，物価の安定や経済成長を図る政策のことである。日本では，金融政策決定会合の主導により，日本銀行が行っている。ここで言う貨幣量とは，民間に流通している現金（紙幣・硬貨）と，預金（銀行口座）の総量であり，マネーストックと呼ばれる。

　不況期にはこのマネーストック（貨幣量）を増やし，金利を下げるのが基本である。金利が下がると，企業にとっては，民間銀行から資金を借りやすくな

り，資金調達ができれば設備投資をしやすくなる。家計にとっては，利息がつかなくなるので貯蓄よりも消費をしやすくなり，そしてお金を借りやすくなるので住宅投資をしやすくなる。政府にとっては，国債の利払費が減るので新規の国債を発行しやすくなる。また，不況期に限らず，貨幣量（マネーストック）の調整によって物価を安定させ（「物価の番人」），企業の投資や家計の消費を行いやすくすることも中央銀行の役割である。

マクロ経済循環（図1-1）において，金融政策によって金利が下がれば，企業がお金を借りやすくなり，家計が住宅ローンを組みやすくなる。すると，企業による設備投資や家計による住宅投資が増える。これらは財・サービス市場における需要の増加になるので，企業部門の全体から見ると，どこかの企業の生産が増える。生産が増えればさらに投資が行われ，あるいは人が雇われることによって，家計部門により多くの賃金が支払われる。それによってさらに消費が行われるようになり，好況期に向かっていく。これが金融政策の狙いである。

預金貸出と預金準備

金融政策で貨幣量を増やしていくとき，日本銀行が民間銀行に直接供給する貨幣をマネタリーベースあるいはハイパワード・マネーと呼ぶ（図7-1）。民間銀行はこうして増えた預金を企業に貸し出すことによって利子を得ようとする。

貸出を受けた企業はその一部を現金として手元に置いておくかもしれないが，多くの部分を銀行の預金として保有しておくはずである。これにより銀行には新たな預金が生じていることになる。民間銀行はこの預金の一部を預金準備という形で取っておかなければならないが，残りの部分は利子を得るためにさらに貸出をすることができる。このようにしてマネタリーベースは貸出と預金を繰り返して増えていき，経済全体の貨幣量であるマネーストックになる。

現金をC，預金をD，預金準備をRとすると，企業が貸出を受けたお金のうち現金で持っておく比率は$\frac{C}{C+D}$，それに対して預金として保有する割合は$\frac{D}{C+D}$となる。また，新たに生じた預金のうち，預金準備となる割合は$\frac{R}{D}$，残りは$\frac{D-R}{D}$となる。このとき，$\frac{C}{D}$を現金預金比率，$\frac{R}{D}$を預金準備率と呼ぶ。ま

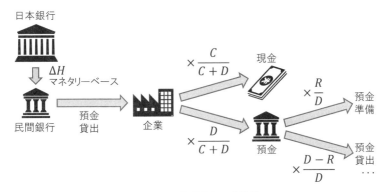

図7-1　預金貸出と預金準備

た，マネーストックMは民間に流通している現金と民間銀行に預けられている預金の合計であり，$(M \equiv C+D)$，マネタリーベースHは民間に流通している現金と民間銀行が中央銀行に預ける中央銀行預け金（預金準備）の合計である（$H \equiv C+R$）。

貨幣供給の乗数効果

　現金預金比率と預金準備率を使って，貨幣供給の流れを辿っていくと，図7-2のようになる。マネタリーベースの供給によって増えた預金は，貸し出され，その一部は現金として保有されるが，残りは預金の増加に繋がる。増加した預金のうち一部は預金準備として民間銀行が取っておかなければならないが，残りは再び預金として貸し出すことができる。貸し出された預金の一部は，現金として保有されるが，残りはさらなる預金の増加に繋がる。その一部は預金準備として，取っておかなければならないが，残りは再び貸し出すことができる。

　このようなプロセスを経ていくと，図中の灰色で塗られた部分がすべて，経済全体における貨幣量の増加になる。貨幣量の増加分をΔMとすると，すべて足し合わせれば以下のような式になり，整理すると$\Delta H \times \dfrac{C+D}{C+R}$となる。

$$\Delta M = \Delta H + \frac{D-R}{C+D}\Delta H + \left(\frac{D-R}{C+D}\right)^2 \Delta H + \left(\frac{D-R}{C+D}\right)^3 \Delta H + ... = \Delta H\left(\frac{C+D}{C+R}\right)$$

$$= \Delta H\left(\frac{\frac{C}{D}+1}{\frac{C}{D}+\frac{R}{D}}\right)$$

これは最初のマネタリーベースの増分 ΔH の $\frac{C+D}{C+R}$ 倍の預金（信用貨幣）が創造されたということであり，この $\frac{C+D}{C+R}$ を信用乗数と呼ぶ。先ほどの現金預金比率と預金準備率を使うと，上記のように表すこともできる[27]。このように信用に基づいて預金の増分が雪だるま式に増えていく仕組みを信用創造または信用乗数メカニズムと呼ぶ。

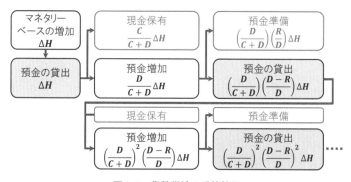

図7-2 貨幣供給の乗数効果

金融政策の波及プロセス

以上のような信用創造をふまえると，金融政策の影響は図7-3のように波及していくと考えられる。後ほど触れるように，今日の金融政策でマネタリーベースを増やす主な手段は買いオペレーションと呼ばれる。これを行うと，マネタリーベースが増加し，先ほど見た信用創造，信用乗数メカニズムによりマネ

---

27) たとえば，現金預金比率が0.2，預金準備率が0.1でマネタリーベースが500兆円増えたとき，信用乗数は $\frac{0.2+1}{0.2+0.1} = \frac{1.2}{0.3} = 4$ となる。したがって，マネーストックの増分は，$\Delta M = \Delta H \times 4 = 500 \times 4 = 2,000$ 兆円である。

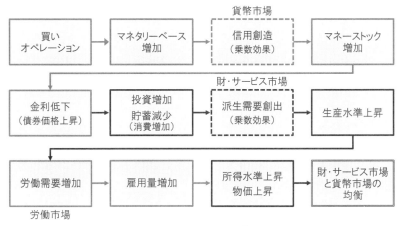

図7-3　金融政策の波及プロセス

ーストックが増加する。貨幣がより多く供給されている状況なので，お金を借りるときに払う金利は低下する。金利が低下すると，お金を借りて設備投資を行おうという企業，住宅を購入しようという家計が増える。他方，貯蓄が減少するが，その分，消費が増えるはずである。これによって派生需要が生み出される。財・サービスが売れるということで生産水準が上昇していくと，より多くの人手が必要とされるようになり，実際に雇われると所得水準が上昇していく。需要が増えているので物価も上昇していくはずである。そして，財・サービス市場と貨幣市場のそれぞれにおいて需要と供給が均衡する。このように金融政策の効果は，貨幣市場から始まって，財・サービス市場，労働市場へと，3つの市場にまたがって波及していく。

　金融政策（買いオペレーションの場合）の主な結果を確認しておくと，所得水準・生産水準は上昇，金利は低下，物価は上昇するというのが，金融緩和の一般的な効果である。

金融政策に反対の議論

　他方で，金融政策には反対の議論もあった。1つは，マネタリストと呼ばれる学派による反論であり，マネーストックの増減は，物価水準を変化させるだ

けで実物経済には影響を与えないということが主張された。すると，政府は裁量的な経済政策をとるべきではなく，物価水準を安定化させるためには厳格なルール（マネーストックの増加率一定等）に従うべきであるということになる。これは先述の貨幣ヴェール観に通じる考え方であるが，今日では不況期には中央銀行が積極的に金融緩和を行うことが主流となりつつある。

もう1つは流動性の罠と呼ばれる現象である。金利が低すぎる（ほぼゼロであるような）場合，中央銀行がいかなる行動をとったとしても，金利（名目金利）をそれ以上引き下げることができない。金利を引き下げられないならば，投資や消費を促すことができないので，専ら金利低下を目標とするような伝統的な金融政策は効力を失ってしまう。では，今日ではどのような金融政策が行われているかということについては，後で触れることにしよう。

2. 日本の金融政策

日本銀行の機能

次に日本の金融政策について，日本銀行の機能から確認していこう。日本銀行は発券銀行であり，政府の銀行であると同時に，銀行の銀行であるとも言われる。

家計の間で何か支払いを行いたいとき，それぞれが民間銀行に預金口座を持っていれば銀行振り込みを行えば済むように，民間銀行も日本銀行という中央銀行にそれぞれ当座預金口座を持っている（図7-4）。この当座預金口座の間で振替を行うことによって民間銀行は最終的な決済を行うことができる。これが日本銀行が銀行の銀行と言われる所以である。民間銀行が企業や家計に貸出を行うように，日本銀行も民間銀行に対して貸出を行うことができる。また，日本銀行は民間銀行との間で債券を売買することもできる。

マネタリーベースの供給方法

図7-4に基づいて考えると，マネタリーベースの供給方法にはいくつか方法

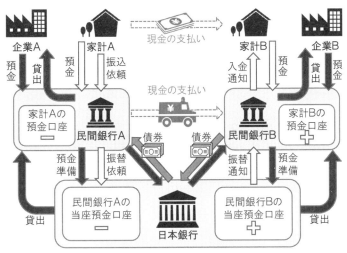

図7-4 日本銀行の機能

がある。

　1つ目は公開市場操作と呼ばれる。買いオペレーションという場合，中央銀行が民間銀行から債券を買い，貨幣を支払う。マネタリーベースを追加で供給していることになるので金融緩和と呼ばれる。他方，売りオペレーションという場合には，中央銀行が民間銀行に債券を売り，貨幣を受け取る。マネタリーベースを吸収していることになるので，金融引き締めと呼ばれる。

　2つ目は公定歩合操作と呼ばれていたものである。中央銀行が民間銀行に貸出をする際の基準貸付利率（公定歩合）を変更する。それによって実際に貸出が行われる量を調整することにより，マネタリーベースを調節できる。

　3つ目は預金準備率操作である。民間銀行は中央銀行の当座預金口座に必ず預金準備を預けなければならないが，その預金準備の比率（法定預金準備率）を変更することによってマネタリーベースを調節するという方法である。

　そして図7-4には示されていないが，4つ目として外国為替市場への介入がある。中央銀行が外国通貨を買えば自国通貨を払うことになり，外国通貨を買えば自国通貨を受け取ることになるので，それによってマネタリーベースを調

節する。ただし，これを実行する権限は中央銀行である日本銀行ではなく財務省にある。

　今日，貨幣供給の主な手段となっているのは，公開市場操作の買いオペレーションである。

日本における金融政策の推移

　では，日本の金融政策の変遷を辿ってみよう。1990年代には公定歩合政策がとられていた。日本銀行から民間銀行に貸出をする際の基準貸付利率，公定歩合の引き下げを目指した。

　1990年代の終わりから2000年にかけてはゼロ金利政策が行われた。買いオペレーションによって短期金利（無担保コールレート）の引き下げを目指した。無担保コールレートというのは，コール市場（民間銀行間でお金を貸し借りする市場）の金利であるが，それがほぼ0％になり，金利がそれ以上下がらない「流動性の罠」の状態となった。

　そこで2001年3月からは量的緩和政策がとられた。買いオペレーションによって，日本銀行にある民間銀行の当座預金残高（民間銀行の中央銀行預け金）の増加を目指す政策である。

　その後，リーマンショックによる景気後退を受けて，2010年10月からは包括的緩和政策がとられる。買いオペレーションによって短期金利（無担保コールレート）の引き下げを目指しつつ，インフレ率（物価上昇率）1％が「中長期的な物価安定の目処」とされた。

　さらに2013年4月からはいわゆるアベノミクスの量的・質的金融緩和が始まった。従来に比べて大規模かつ多様な買いオペレーションによって，マネタリーベースそのものの増加を目指し，インフレ率（物価上昇率）2％が「物価安定の目標」として明確に定められた（インフレ・ターゲティング）。これを続ける中で2016年1月にはマイナス金利政策が導入された。日本銀行当座預金，つまり民間銀行が日本銀行に預けている預金の一部にマイナス0.1％の金利を適用するというものであり，預金準備が多ければ，民間銀行は日本銀行に手数料を

支払わなければならない。供給したマネタリーベースが日本銀行当座預金にとどまらないよう促す仕組みである。さらに2016年9月には、これが長短金利操作（イールドカーブ・コントロール）という形に変わる。マイナス金利政策で短期金利を下げつつ、長期金利（10年物国債の利回り）が0％程度で推移するように誘導した。これにより短期金利と長期金利の両方が金融政策の操作目標に加わったことになる。また、インフレ率が安定的に2％を超えるまで金融緩和を続けることを約束する、オーバーシュート型コミットメントが導入された。

基準貸付利率と長期・短期の金利

図7-5は基準貸付利率、短期金利の代表である無担保コールレート、長期金利の代表である10年物国債の利回りの推移を示している。

基準貸付利率と無担保コールレートの関係を見ると、1990年代までは基準貸付利率が無担保コールレートよりも低い状態にあった。したがって民間銀行は必要があれば日本銀行からお金を借りた。ところが、1999年からのゼロ金利政策によって無担保コールレートはほぼ0％に下がり、基準貸付利率の方が無担保コールレートよりも高い状態となった。民間銀行は日本銀行ではなく他

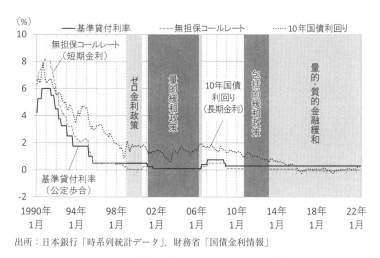

出所：日本銀行「時系列統計データ」、財務省「国債金利情報」

図7-5　基準貸付利率と長期・短期の金利

の銀行からほぼ0％の金利でお金を借りることができたため，日本銀行からお金を借りる民間銀行はいなくなり，公定歩合操作は実効性を失った。

　他方，10年物国債の利回りを見ると，こちらも徐々に低下し，特にマイナス金利政策が導入された2016年以降は，しばしばマイナスになっていることが見てとれる。長期的な投資の果実でもある長期金利がマイナスになってしまうというのは健全な状態ではないため，長短金利操作によって長期金利が0％程度で推移するよう誘導するようになったのである。

マネタリーベースとマネーストック

　図7-6は，同じ期間のマネタリーベースとマネーストックの前年比の増減を示している。マネタリーベースに注目してみると，量的緩和政策，包括的緩和政策，そして量的・質的金融緩和の当初においては，特に著しく上昇していることが分かる。では貨幣量の全体であるマネーストックはどうか。ここにはM2とM3という2つの測り方でマネーストックを示しているが，どちらを見ても値がプラスであることから，経済全体の貨幣量であるマネーストックも増加し続けていることが分かる。

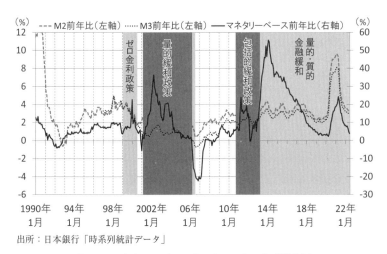

出所：日本銀行「時系列統計データ」

図7-6　マネタリーベースとマネーストック（増減率）

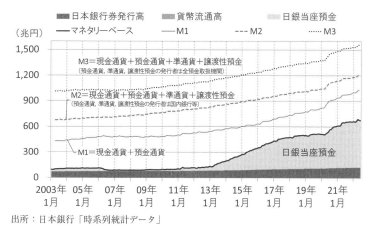

出所：日本銀行「時系列統計データ」

図7-7　マネタリーベースとマネーストック（金額）

　2003年以降の変化を増減率ではなく金額で見ると，図7-7のように推移している。ここにはまず日本銀行券（紙幣）の発行高と貨幣（硬貨）の流通高が示されている。この2つを合計したいわゆる現金は，2003年以降増加してはいるが，貨幣量の全体からすればごく一部に過ぎない。現金に日銀当座預金（民間銀行の中央銀行預け金）を足すと，太い実線の折れ線グラフで示されたマネタリーベースになる。

　そして，マネタリーベースが図7-1，図7-2で見た信用創造，信用乗数メカニズムの過程を経て膨らんだものが経済全体の貨幣量であるマネーストックになる。ここではM1，M2，M3という3つの測り方でマネーストックを示している。基本的にはいずれも現金と預金の合計であるが，預金に相当するものをどこまで含めるかによってM1，M2，M3という測り方の違いが生じる。

　図7-7を見ると，2013年以降，量的・質的金融緩和によって日銀当座預金が急激に増加してきたが，それに比べてマネーストックの増加は鈍い。この点は信用乗数を計算してみるとよく分かる。

信用乗数

　図7-8にはM1，M2，M3それぞれのマネーストックをマネタリーベースで

割った値，つまり信用乗数の推移が示されている。これを見ると，2013年以降，量的・質的金融緩和の下で信用乗数は徐々に低下してきた。最近では概ね2前後の値になっており，これは日本銀行が直接供給しているマネタリーベースの2倍程度までしかマネーストックが増えていないことを意味する。このことは決して金融緩和が無意味だということを意味するわけではないが，マネタリーベースが増えればマネーストックも常に比例して増えるといった簡単な話ではないことを示唆している。

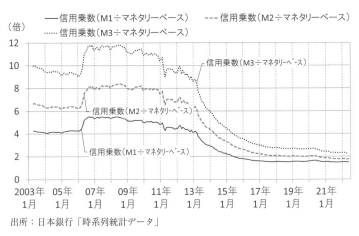

出所：日本銀行「時系列統計データ」

図7-8　信用乗数

日本銀行の資産・負債

　日本銀行の資産を見てみると，図7-9のように2013年以降の量的・質的金融緩和の下で，急激な増加を続けてきたことが見てとれる。特にこれを見ると，長期国債の保有が非常に増えているが，その原因はもちろん金融緩和にある。金融緩和の下では，買いオペレーションでさまざまな資産を買い取るが，その主たるものは長期国債であり，多様な買いオペレーションを行う量的・質的金融緩和においても，長期国債の保有額が最も増えている。10年前には100兆円程度であった日本銀行の資産は，現在では700兆円を超える規模に膨らんでいる。

　他方，図7-10のように日本銀行の貸借対照表には資産の額に見合うだけの

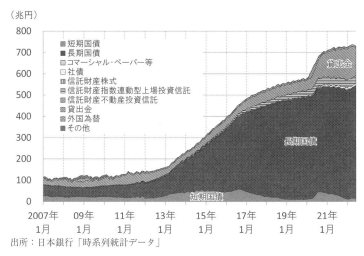

（兆円）

出所：日本銀行「時系列統計データ」

図7-9　日本銀行の資産

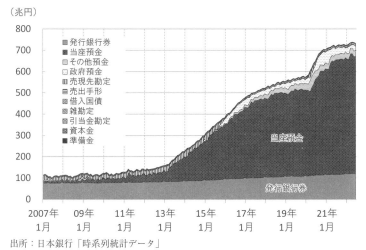

（兆円）

出所：日本銀行「時系列統計データ」

図7-10　日本銀行の負債および純資産

負債および純資産がある。そのうちの主なものはまず発行銀行券（紙幣）であ
るが，これは日本銀行から見れば，返済しなければならないお金，負債にあた
る。そして最も大きな部分を占めるのは当座預金である。これは民間銀行が日

本銀行に預けている預金であり，日本銀行から見ればやはり負債にあたる。当座預金が急増してきたのは，金融緩和のために大規模かつ多様な買いオペレーションを行ったとき，その支払いに使われているのがこの当座預金だからである。支払いが当座預金に振り込まれると，民間銀行から見れば資産が，日本銀行から見れば負債が増えることになる。

　以上の図7-9と図7-10で確認したように，日本銀行が金融緩和を行うと，日本銀行にとっての資産と負債の両方が同じ金額だけ増加することになり，バランスシート（貸借対照表）は大きくなっていく。

3. 日本の金融状況

短期金利と長期金利

　最後に日本の金融状況を諸外国との比較も交えながら見ていこう。

　図7-11と図7-12は，短期金利と長期金利を諸外国と比較したグラフである。まず，短期金利の代表は無担保コールレートである。図7-11を見ると，1990年代半ば以降の日本の超低金利は，諸外国と比べても極端に低い水準であった

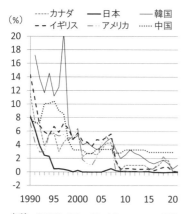

出所：OECD, "Monthly Monetary and Financial Statistics"

図7-11　諸外国の短期金利

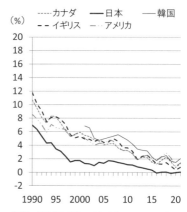

出所：OECD, "Monthly Monetary and Financial Statistics"

図7-12　諸外国の長期金利

ことが見てとれる。

　他方，長期金利の代表は10年物国債の利回りである。図7-12を見ると，こちらもやはり日本の水準は諸外国と比べても低い水準にあることが分かる。

　しかしながら，日本のような水準ではないとしても諸外国においても短期金利と長期金利の両方が低下してきたのは，特に世界金融危機や新型コロナウイルス感染症による景気後退を受けて，多くの国で金融緩和政策を実施してきたためである。

狭義・広義の貨幣

　他方，図7-13と図7-14は狭義の貨幣M1と広義の貨幣M3を諸外国と比較している。これらのグラフは，各国で2015年のときの貨幣量を100として指数化しているので，異なる国の間で値そのものを単純に比較することはできない。ただし，これを見ると分かるのは，やはりいずれの国においてもマネーストックが増加し続けてきたという事実である。不況期に金融緩和が行われることに加えて，好況期には経済活動の拡大とともに信用創造によって貨幣量の全体が増えていくためであろう。

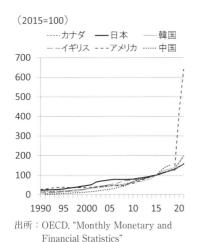

出所：OECD, "Monthly Monetary and Financial Statistics"

図7-13　諸外国の狭義の貨幣量（M1）

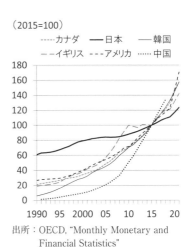

出所：OECD, "Monthly Monetary and Financial Statistics"

図7-14　諸外国の広義の貨幣量（M3）

短観

　日本の金融機関の状況については，前章まででも登場した短観で調べることができる。図7-15に示されている太い実線の折れ線グラフは，金融機関に限って調べた業況のディフュージョン・インデックスであり，点線の折れ線グラフはその3ヶ月後の予測値を示している。他方，細い実線の折れ線グラフは金融機関以外の企業による業況判断のディフュージョン・インデックスである。

　これを見ると，2016年以降，金融機関の状況が悪化しているが，これはマイナス金利政策が導入された影響が大きい。金利全般が低下することは，お金を借りる側からすれば良いことであるが，金融機関からすると利益が減少することを意味する。2016年9月から長短金利操作に切り替わったことによって一旦は少し状況が改善したものの悪化し，2020年には新型コロナウイルス感染症の影響によって，他の企業ほどではないが，金融機関においても業況判断のディフュージョン・インデックスがマイナスに振れていたことが見てとれる。当時は，業況が「良い」と判断した金融機関よりも「悪い」と判断した金融機関の方が多かったということである。

　他方，短観ではお金を借りる側の状況も調べることができる。図7-16に示されているのは，金融機関以外の企業の自社の資金繰り，自社でお金を借りよ

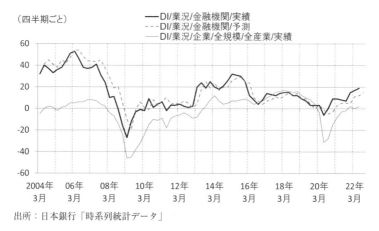

出所：日本銀行「時系列統計データ」

図7-15　短観（金融機関の業況）

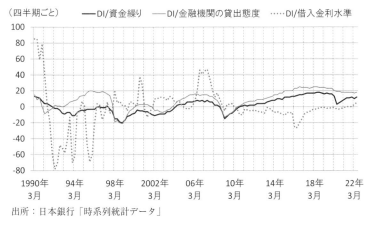

（四半期ごと）　　━━DI/資金繰り　━━DI/金融機関の貸出態度　‥‥DI/借入金利水準

出所：日本銀行「時系列統計データ」

図7-16　短観（企業の資金繰りと金融機関の貸出態度）

うとした場合の金融機関の貸出態度，そして，借り入れ時の金利の水準に関するディフュージョン・インデックスである。

　先ほど見た2016年のマイナス金利導入直後には，借入金利水準が大幅に引き下がっているが，これは資金を借りる側からすれば望ましいことである。資金繰りの状況を見ると，リーマンショック以降，徐々に改善傾向にあったが，2020年には新型コロナウイルス感染症の影響により，急速に資金繰りが悪化した。ただし，金融機関の側の貸出態度は，リーマンショック以降の改善傾向の後，新型コロナウイルス感染症の影響で若干は悪化したものの，企業の資金繰りに比べれば比較的良好な状況にある。

貸出の約定金利と残高

　金融機関による実際の貸出状況を調べてみると，図7-17のように貸出が行われるときの金利は依然として下がりつつあり，企業にとっては借りやすい状況になっている。そして，貸出の平均残高を見てみると，2020年の新型コロナウイルス感染症の拡大に伴って貸出が急増している。先ほど見たように，企業は資金繰りが悪化しているケースが多いので，それに応える形で金融機関が多くの貸出を行っていたことが見てとれる。

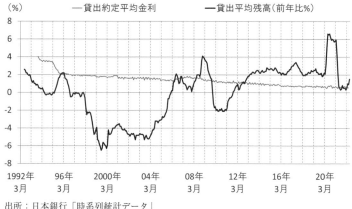

出所：日本銀行「時系列統計データ」

図7-17　貸出の約定金利と残高

資金循環統計

　最後に資金循環統計を見てみよう。図7-18は，棒グラフのゼロより上の部分が資金余剰の部門（資金を貸し出している部門），棒グラフのゼロより下の部分が資金不足の部門（資金を借りている部門）を示している。ある部門で借りたお金は他のいずれかの部門から貸し出されたものであるので，棒グラフのゼロより上の部分とゼロより下の部分は常に同じ長さになっている。

　これを見ると，1990年代にお金が余っていたのは，主に家計部門であった。それに対してお金が不足していたのは企業部門である。ところが，1990年代末以降，企業は資金不足から資金余剰の部門へと変わる。2000年代以降，お金が余っているのは主に家計と企業，常にお金が不足しているのは一般政府である。つまり，企業部門の全体で言えば，必ずしも金融機関からお金を借りて投資しなければならない状況にはなかったことが見てとれる。他方，政府については，第6章で確認したように常に財政赤字の状況にあるが，家計部門は高齢化によって貯蓄率が低下している状況にあり，その部分を企業の資金が補って政府を支えているという構図である。ただし，2020年は新型コロナウイルス感染症の影響で家計の貯蓄が増加し，特に資金余剰の状態，他方，政府は財政支出の増加によって特に資金不足の状態にある。また海外については，この

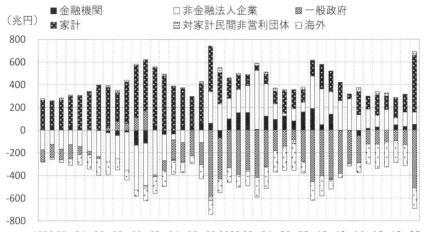

（兆円）

■ 金融機関　　　　□ 非金融法人企業　　　図 一般政府
図 家計　　　　　　囲 対家計民間非営利団体　□ 海外

出所：日本銀行「時系列統計データ」

図7-18　資金循環統計（資金過不足）

グラフで常にゼロより下に位置することから，日本と海外の関係について言え
ば，常に日本の側が海外に対してお金を貸している資金余剰の状況である。

・現金預金比率が0.2，預金準備率が0.1で，マネタリーベースが500兆円増えたとき，信用乗数とマネーストックの増分はいくつか。(ヒント：注27)

$$（答え：\frac{\Delta M}{\Delta H}=4，\Delta M=2,000兆円）$$

・現金預金比率が0.2，預金準備率が0.1のとき，マネーストックを1,000兆円増加させるにはどのくらいのマネタリーベースの増加が必要か。

$$（答え：\Delta H=250兆円）$$

・現金預金比率が0.4，預金準備率が0.3で，マネタリーベースが500兆円増えたとき，信用乗数とマネーストックの増分はいくつか。

$$（答え：\frac{\Delta M}{\Delta H}=2，\Delta M=1,000兆円）$$

・現金預金比率が0.4，預金準備率が0.3のとき，マネーストックを1,000兆円増加させるにはどのくらいのマネタリーベースの増加が必要か。

$$（答え：\Delta H=500兆円）$$

・マネーストックが1,000兆円，マネタリーベースが100兆円のとき，信用乗数はいくつか。(ヒント：図7-8)

$$（答え：\frac{M}{H}=10）$$

・マネーストックが1,500兆円，マネタリーベースが600兆円のとき，信用乗数はいくつか。

$$（答え：\frac{M}{H}=2.5）$$

第8章
インフレ・デフレと物価の動向

1. 物価水準の理論

インフレとデフレの定義

　初めに物価水準について基本的な事項から確認していこう。図8-1は，食パン1斤，自動車1台，何らかの金融資産・負債を例に，インフレーションとデフレーションが生じた場合を示している。

　インフレーションとは，一般物価水準つまりあらゆるものの価格が持続的に上昇していく現象を指す。特定の財・サービスの価格のみが上昇するのは単なる値上がりであり，インフレーションとは言わない。図8-1においては，硬貨2枚で買っていた食パン1斤が，硬貨3枚でなければ買えなくなっている。あるいは，札束2つ分で買っていた自動車1台が，札束3つ分でなければ買えなくなっている。これがインフレーションである。他方，デフレーションとは，一般物価水準つまりあらゆるものの価格が持続的に下落していく現象を指す。図8-1においては，硬貨2枚で買っていた食パン1斤が，硬貨1枚で買えるようになっている。あるいは，札束2つ分で買っていた自動車1台が，札束1つ分で買えるようになっている。これがデフレーションである。

　逆に，ものの価値を基準にしてお金の価値を考えると，次のようなことが言える。インフレーションが生じる前は札束1つ分の価値は車$\frac{1}{2}$台分だったが，インフレーションが生じた後は札束1つ分の価値は車$\frac{1}{3}$台分になっている。つまり，貨幣価値は相対的に下落している。他方，デフレーションが生じる前は札束1つ分の価値は車$\frac{1}{2}$台分だったが，デフレーションが生じた後は札束1つ分の価値は車1台分の価値になっている。つまり，貨幣価値が相対的に上昇している。

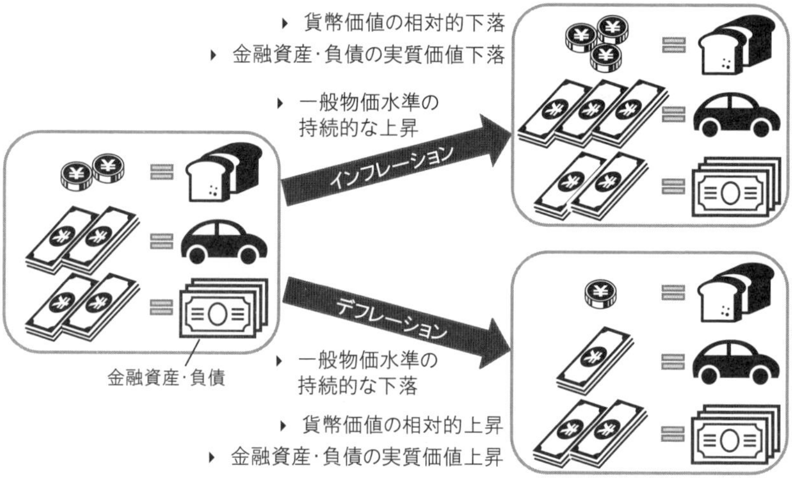
貨幣価値の相対的下落
金融資産·負債の実質価値下落
一般物価水準の
持続的な上昇
インフレーション
デフレーション
金融資産·負債
一般物価水準の
持続的な下落
貨幣価値の相対的上昇
金融資産·負債の実質価値上昇

図8-1　インフレとデフレの定義

では，金融資産・負債はどうだろうか。インフレーションやデフレーションが生じる前に借金が200万円分あったとすると，インフレーションが生じてもデフレーションが生じても借金は200万円のままである。ただし，インフレーションのときには貨幣価値が相対的に下落しているので，同じ200万円の借金でもその実質的な価値は下落し，返済しやすくなっているはずである。逆にデフレーションのときには貨幣価値が相対的に上昇しているので，同じ200万円の借金でもその実質的な価値は上昇し，返済しづらくなっているはずである。このようにインフレーション，デフレーションが生じたときには，金利が変化した場合と同様に金融資産・負債の実質的な価値が変化する。これをふまえた金利は実質金利と呼ばれ（実質金利＝名目金利－期待インフレ率），インフレーションにおいては低下，デフレーションにおいては上昇する。

インフレとデフレの影響

以上で述べたことから，インフレーションとデフレーションは，経済活動にさまざまな影響を及ぼす。

インフレーションが生じると，まず強制的な所得の再分配と呼ばれる現象が

起きる。名目賃金が変わらない限り，労働者の実質賃金つまり購買力（どのくらいのものを買えるか）は減少する。金融資産の実質価値が下がるので，金融資産を保有する人には不利になる。逆に負債の実質価値が下がるので，債務者に有利で債権者に不利になる。国の借金である国債の実質価値も下がるので，国に有利で保有する国民に不利になる。そして，人々の期待と行動にも影響を及ぼす。インフレ期待（これからインフレーションが進行するという予想）が高まるほど，家計は安いうちに財を購入しようとするので，家計による消費が増えていく（買い増し）。また，企業・家計は安いうちに投資を行おうとするので，設備投資や住宅投資が増えていく（実質金利低下）。

　他方，デフレーションが生じると，以上の説明と逆のことが起きる。名目賃金が変わらない限り，労働者の実質賃金つまり購買力は増加する。金融資産の実質価値が上がるので，金融資産を保有する人には有利になる。逆に負債の実質価値が上がるので，債務者に不利で債権者に有利になる。国の借金である国債の実質価値も上がるので，国に不利で保有する国民に有利になる。デフレ期待（これからデフレーションが進行するという予想）が高まるほど，家計は安くなってから財を購入しようとするので，家計による消費が減っていく（買い控え）。また，企業・家計はできるだけ安くなってから投資を行おうとするので，設備投資や住宅投資が減っていく（実質金利上昇）。

インフレの発生原因

　一般にインフレーションが生じる原因は3つあると考えられている。

　1つ目はディマンド・プル・インフレーションと呼ばれ，総需要が総供給を超過すること（超過需要）によって生じる物価上昇である。たとえば，家計の消費増や企業の投資増によって財・サービス価格が上昇していく場合である。このとき，総需要と総供給の差はインフレーションに向かうことからインフレ・ギャップと呼ばれる（逆に，総需要が総供給を下回るとき，総需要と総供給の差はデフレーションに向かうことからデフレ・ギャップと呼ばれる）。

　2つ目はコスト・プッシュ・インフレーションと呼ばれ，生産要素つまり労

働や原材料の費用（生産費用）の増大によって生じる物価上昇である。たとえ
ば，原油高や円安による輸送費や原材料価格の高騰，労働力不足による賃金上
昇によって財・サービス価格が上昇していく場合である。

3つ目はマネタリー・インフレーションと呼ばれ，貨幣量（マネーストック）
の増大によって生じる物価上昇である。これは金融緩和によってマネーストッ
クが増大したために財・サービス価格が上昇していく場合である。

なお，デフレーションが生じる原因となり得るのは以上の逆，つまり，超過
供給，生産費用の減少，貨幣量の減少である。

GDPデフレーター

実際の物価を知るには，物価指数を用いるが，その1つがGDPから求めら
れるGDPデフレーターである。まず，第1章で登場した名目GDPは，価格×
数量で計算する。国内総生産の中にはさまざまな財・サービスが含まれるので，
それに番号を付けるとしよう。いまi番目の財の当該年の価格がP^i，その財の
当該年の数量がQ^iであるとき，当該年の名目GDPは，

$$\sum_i P^i Q^i = P^1 Q^1 + P^2 Q^2 + ...$$

として計算される。[28] このように計算される名目GDPは，価格と数量の一方ま
たは両方の変化によって増減する。

他方，実質GDPは，特定の年を基準年と定めて，そこで価格を固定して計
算する（基準年固定価格方式の場合）。i番目の財の基準年の価格がP_0^i，その財の
当該年の数量がQ^iであるとき，当該年の実質GDPは，

$$\sum_i P_0^i Q^i = P_0^1 Q^1 + P_0^2 Q^2 + ...$$

として計算される。このように計算される実質GDPは，価格の変化によって
は増減せず，数量の変化によってのみ増減する。

28）Σ記号は1番目のものから最後のものまでをすべて足し合わせるという意味である。

以上の名目GDP，実質GDPを用いると，GDPデフレーターを計算できる。基準年のGDPデフレーターを100とすると，当該年のGDPデフレーターは，

$$\frac{名目GDP}{実質GDP} \times 100 = \frac{\sum_i P^i Q^i}{\sum_i P_0^i Q^i} \times 100 \left(= \frac{P^1 Q^1 + P^2 Q^2 + ...}{P_0^1 Q^1 + P_0^2 Q^2 + ...} \times 100\right)$$

のように，名目GDPを実質GDPで割り100を掛けて計算される。この式の分子は，当該年の価格×数量をすべて足し合わせたものなので，当該年の価格と数量による財の価値額，この式の分母は，基準年の価格×当該年の数量をすべて足し合わせたものなので，基準年の価格で当該年の数量の財を買った場合の価値額になっている。この2つの比をとって計算されるものがGDPデフレーターであり，この方法により計算された指数はパーシェ指数と呼ばれる。

Hermann Paasche
(1851–1925)

企業物価指数，消費者物価指数

その他の物価指数には，企業物価指数や消費者物価指数がある。

企業物価指数は，原材料や中間製品など，企業間で取引される財の価格変化を測る指数である。国内で生産した国内需要向けの財，輸出品及び輸入品を対象とし，各品目の重要度（出荷額や輸出入額）に応じてウェイトを付けて計算されている。

他方，消費者物価指数は，消費者に小売りされる財（輸入品含む）の価格変化を測る指数である。全国の世帯の平均的な消費内容（構成品目）を定め，各品目の重要度（消費額全体に占める支出額）に応じてウェイトを付けて計算されている。

先ほどのGDPデフレーターは，GDP（国内総生産）に基づく物価指数であるので，GDP計算の対象となる国内で生産されたすべての品目が対象であった。それに対して，今見た企業物価指数と消費者物価指数は，輸入品（海外で生産されたもの）も含まれるという違いがある。特に企業物価指数は，企業が投資

や生産を行う段階，消費者の手元に届く以前の段階で測られる物価指数であるため，消費者物価指数やGDPデフレーターよりも先に物価の変化が現れ始める傾向がある。

　企業物価指数や消費者物価指数の計算方法は，GDPデフレーターの場合とは異なる。今，i番目の財の基準年の価格がP_0^i，数量がQ_0^iであり，その財の当該年の価格がP^iであるとき，当該年の企業物価指数または消費者物価指数は，

$$\frac{\sum_i P^i Q_0^i}{\sum_i P_0^i Q_0^i} \times 100 \left(= \frac{P^1 Q_0^1 + P^2 Q_0^2 + ...}{P_0^1 Q_0^1 + P_0^2 Q_0^2 + ...} \times 100 \right)$$

Ernst Louis Étienne Laspeyres
（1834–1913）

のように計算される。この式の分子は，当該年の価格×基準年の数量をすべて足し合わせたものなので，当該年の価格で基準年の数量を買った場合の財の価値額，この式の分母は基準年の価格×基準年の数量をすべて足し合わせたものなので，基準年の価格と数量による財の価値額になっている。この2つの比をとって計算される指数はラスパイレス指数と呼ばれる。

物価指数の計算

　たとえば，ある国の経済が表8-1のような産業A，Bのみからなるとき，名目GDP，実質GDP，GDPデフレーター（パーシェ指数），ラスパイレス指数を考えよう。

　2005年の名目GDPは，2005年のそれぞれの財の価格×数量を足し合わせて，$30 \times 40 + 20 \times 40 = 2000$と計算される。同じように2015年の名目GDPは，40

表8-1　物価指数の計算

産業A（財A）				産業B（財B）		
	2005年	2015年			2005年	2015年
価格	30	40		価格	20	60
数量	40	60		数量	40	10

$\times 60 + 60 \times 10 = 3000$ と計算される。2005年基準の2015年の実質GDPは，基準年である2005年の価格と当該年である2015年の数量を使って計算するので，$30 \times 60 + 20 \times 10 = 2000$ となる。2005年基準の2015年のGDPデフレーターは，2015年の名目GDPを2015年の実質GDPで割って100を掛けると，$\frac{3000}{2000} \times 100 = 150$ となる。2005年基準の2015年のラスパイレス指数は，2015年の価格で2005年の数量を買った場合の価値額を，2005年の価格と数量による価値額（つまり2005年の名目GDP）で割るので，$\frac{40 \times 40 + 60 \times 40}{30 \times 40 + 20 \times 40} \times 100 = 200$ となる。このように同じ2015年について物価指数を計算する場合でも，パーシェ指数を使うのか，ラスパイレス指数を使うのかによって，物価指数の値が異なることがあり得る。物価指数を使う時には複数の指数を参照することが大切である。

消費者物価指数の調査対象品目

　ところで，あらゆるものの価格を調べるといっても，実際にはすべてのものの価格を調査できるわけではない。消費者物価指数については，全国の世帯の平均的な消費内容（構成品目）を定めたうえで調査を行っているが，その平均的な消費内容も時代とともに変化するので，5年ごとに見直しが行われている。

　表8-2に示されているのは，その調査対象品目に追加された品目と廃止された品目の代表例である。全国の世帯において消費支出額が増えてきたものが追加され，消費支出額が減ってきたもの，つまり廃れてきたものや価格調査が難しくなってきたものが廃止されていく。たとえば，2020年基準の追加品目を見てみると，単身世帯や高齢者世帯，共働き世帯の増加を反映した品目などが多く追加されていることが窺える。他方，廃止品目を見てみると，スマートフォンの普及によって代替された品目などが廃止されていることが窺える。このように同じ消費者物価指数であっても調査対象品目は時代によって異なり，さらに実際の消費内容は世帯ごとに異なるので，消費者物価指数は個々の消費者の実感と必ずしも一致しないことに注意が必要である。

表 8-2　消費者物価指数の調査対象品目

（5年ごとに改定）	追加品目		廃止品目	
2005年基準 （584品目）	カレーパン ひじき チューハイ ポリ袋 サプリメント	カーナビ 移動電話機 DVDレコーダー ボディーソープ 　　　　　　　等	ガス湯沸器 ミシン 電気ごたつ 洋服だんす ワープロ	ビデオテープレコーダー 鉛筆 マージャン遊技料 　　　　　　　等
2010年基準 （588品目）	いくら ドレッシング フライドチキン フライパン ETC車載器	電子辞書 ゲームソフト メモリーカード 音楽ダウンロード料 　　　　　　　等	福神漬 やかん レンジ台 草履 ステレオセット	テレビ修理代 アルバム サッカーボール フィルム 　　　　　　　等
2015年基準 （585品目）	ロールケーキ 調理ピザパイ セルフ式コーヒー 豆乳 空気清浄機	青汁 マスク 電動アシスト自転車 ペットトイレ用品 　　　　　　　等	親子どんぶり お子様ランチ 電気ポット 電気アイロン 浄水器	ヘルスメーター 体温計 ETC車載器 競馬場入場料 　　　　　　　等
2020年基準 （582品目）	シリアル サラダチキン 味付け肉 カット野菜 パックご飯	高齢者用おむつ 葬儀料 学童保育料 ドライブレコーダー 　　　　　　　等	塩辛 にがうり 果物缶詰 整理だんす 毛布	防虫剤 固定電話機 電子辞書 辞書 　　　　　　　等

2. 物価指数の推移

GDPデフレーター

　次に実際の物価指数の動きを見ていこう。図8-2は，GDPデフレーターの推移を表している。太い実線の折れ線グラフは，2015年基準の四半期ごとのGDPデフレーターであり，細い実線の折れ線グラフはその変化率を取ったものである。変化率を見ると，1997年，2008年，2014年に大きな変化があったことが分かる。1997年は消費税の3％から5％への増税があったときである。2008年はリーマンショック，世界金融危機の影響で原油価格の急騰・急落があったことによる。2014年は消費税が5％から8％へ増税されたことによる変化である。たとえば，2022年1〜3月期のGDPデフレーターは100.6であったので，基準年である2015年よりわずかに物価が高い状況であった。

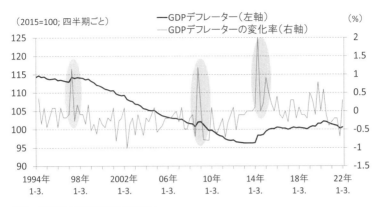

（2015=100; 四半期ごと）　　　　　━GDPデフレーター（左軸）　　　　　　　（%）
　　　　　　　　　　　　　　　　　──GDPデフレーターの変化率（右軸）

出所：内閣府「四半期別GDP速報」

図8-2　GDPデフレーター（季節調整系列）

企業物価指数

　先ほど触れた企業物価指数は，国内企業物価指数，輸出物価指数，輸入物価指数からなるもので，企業向けサービス価格指数もある。図8-3で大きな変化がある箇所を確認していこう。

　2008年は先ほども注目した原油価格の急騰・急落による変化である。多くの原材料が輸入されて生産に使われているため，輸入物価指数と国内企業物価指

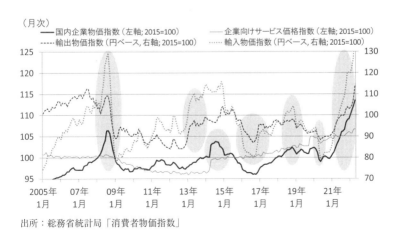

（月次）　　　━国内企業物価指数（左軸; 2015=100）　　　　　──企業向けサービス価格指数（左軸; 2015=100）
　　　　　　······輸出物価指数（円ベース, 右軸; 2015=100）　　　　　······輸入物価指数（円ベース, 右軸; 2015=100）

出所：総務省統計局「消費者物価指数」

図8-3　企業物価指数

数が著しく上昇している。2013年の変化は円安によるものである。円安になると同じものを輸入するときにより多くの円を払うので，輸入物価指数は上昇する。そして輸出についても，同じものを輸出したときに円ベースに換算すると金額が膨らむので，輸出物価指数も上昇する。2014年4月の変化は，先ほど触れた消費増税によるものであり，国内企業物価指数と企業向けサービス価格指数が上昇している。2015〜2016年の変化は，円高によるものであり，先ほどの円安とは逆に輸出物価指数，輸入物価指数がともに低下している。2018年の変化は，原油価格の急騰によるものであり，輸入物価指数と国内企業物価指数の両方が上昇している。

　そして2020年の変化は，原油価格の急落によるものである。新型コロナウイルス感染症の影響で経済活動が世界的に停滞したので，原油に対する需要が減り，原油価格が急落した。それによって国内企業物価指数と輸入物価指数が下落していることが見てとれる。ところがその後は，原油価格の高騰と円安とによって再び輸入物価指数と国内物価指数が上昇している。2022年1月以降を見ると，国内企業物価指数は100を上回っており，輸出物価指数と輸入物価指数も100を上回っていることから，いずれも基準年の2015年に比べて物価が高くなっている。

消費者物価指数

　他方，図8-4は消費者物価指数の推移を示している。消費者物価指数は先ほど触れたように，全国の世帯の平均的な消費内容について調査するものであるが，食料やエネルギーは天候や供給側の事情に左右されやすいので除いた数値も計算されている。細い実線の折れ線グラフは生鮮食品を除く総合（コアCPI），点線の折れ線グラフは食料およびエネルギーを除く総合（コアコアCPI）と呼ばれる。2008年の変化は先ほど見た原油価格の急騰急落によるものであるが，食料およびエネルギーを除く総合の数値を見ると，確かに影響が小さい。2014年は先ほど確認したように消費増税の影響であり，3種類すべての数値に影響が出ていることが分かる。そして2018年は原油価格の急騰，2020年は原

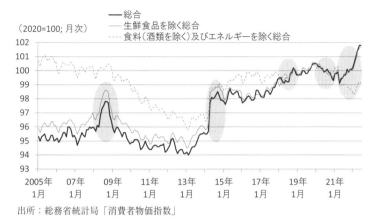

（2020=100; 月次）

出所：総務省統計局「消費者物価指数」

図8-4　消費者物価指数

油価格の急落，2021年は原油価格の急騰であり，食料およびエネルギーを除く総合の数値は，大きな影響を受けていなかったが，2022年には円安の影響により上昇し始めている。たとえば，2022年6月の消費者物価指数総合は101.8であるので，基準年である2020年に比べて物価が高い状況である。

図8-4の消費者物価指数を前年同月比の変化率で表し直すと，図8-5のようになる。図中で大きな変化が見られる箇所の原因は先ほど確認した通りである。

（%; 前年同月比）

出所：総務省統計局「消費者物価指数」

図8-5　消費者物価指数（前年同月比）

たとえば，2022年6月の前年同月比の変化率は2.4％であったことから，前年の同月に比べて物価が上昇したことを示している。第7章で確認したように，日本銀行は2％のインフレ率（物価上昇率）を目指してきたが，図8-5で捉えている期間において一部達成できているのは，消費増税と原油高や円安の影響によるところが大きい。

石油製品価格調査

　図8-6は，石油製品価格調査と呼ばれ，給油所つまりガソリンスタンドで販売されているガソリン，軽油，灯油の価格の推移を示すものである。これを見ると先ほどから登場していた2008年の原油価格の急騰・急落のとき，ガソリン，軽油，灯油の価格にも大きな変化があったことが見てとれる。2014年4月頃にはこれらの価格も上昇しているが，その後，円高によってガソリン，軽油，灯油の価格は下落していく。そして，2018年には先ほども触れた原油価格の急騰があった。ところが2020年には新型コロナウイルス感染症の影響で原油に対する需要が減少したため，原油価格が急落した。2021年以降は原油価格が再び急騰しており，これらの石油製品価格も上昇していることが確認できる。

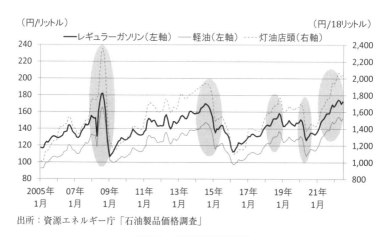

出所：資源エネルギー庁「石油製品価格調査」

図8-6　石油製品価格調査

消費者物価指数の変化

　図8-7は，消費者物価指数の変化を諸外国について前年比で示したものである。これを見ると，日本は1990年代の終わり頃から物価上昇率が持続的にマイナスとなるデフレーションを経験していたが，世界的にも極めて稀な現象であることが分かる。ただし，長期的な推移として捉えるならば，他の多くの先進国でも物価上昇が鈍化しつつある。日本は2021年の物価上昇率が−0.2％であり，目標とする物価上昇率には程遠い状況にあった。

出所：OECD, "Consumer Price Indices"

図8-7　消費者物価指数の変化

3. 貨幣量と物価

貨幣数量説

　次に貨幣量と物価の関係を考えていこう。第7章で触れたように，日本は2013年4月以降，量的・質的金融緩和の下で大胆な金融緩和を行ってきた。インフレ率（物価上昇率）2％を物価安定の目標として定め，これが安定的に2％を超えるまで金融緩和を続けることを約束している。金融緩和によってマネタリーベースを増やし，それによりマネーストックの全体も増やそうとしてきたが，先ほど触れたように目標のインフレ率2％は一部しか達成されていない。

Irving Fisher
(1867–1947)

　そもそも金融緩和，つまり貨幣量を増やすことによって物価の上昇を目指すという考えの背景には，貨幣数量説という理論がある。最も古典的なのは，フィッシャーの交換方程式と呼ばれるものである[29]。貨幣量（マネーストック）をM，貨幣の使用回数（流通速度）をV，物価をP，取引量をTとするとき，

$$MV = PT$$

という関係が成り立つとされている[30]。これは総額PT（つまり物価×取引量）の取引を媒介するためにMという量の貨幣がVという回数用いられるという関係を示している。この式で貨幣の流通速度であるVと取引量であるTがほぼ一定だと仮定すれば，物価はマネーストックMに比例して変化するはずである。したがって，金融緩和でマネーストックを増やせば物価が上昇するはずだという結論に至る。

　同じ考えを，取引量ではなくGDPと結び付けて示したものがケンブリッジ方程式である。マネーストックをM，物価をP，実質GDP（つまり生産量）をYとすれば，名目GDP（つまり価格×生産量）はPYと表される。PYに対するマネーストックの比率を仮にkとすれば，

$$M = k \times PY$$

という関係が成り立つという考え方である[31]。これは貨幣量Mが名目GDPであるPYのk倍であるということを意味している。このkは「マーシャルのk」と呼ばれる[32]。先ほどの交換方程式とは式の見た目こそ違うが，ここでマーシャルの

29）アーヴィング・フィッシャー著，金原賢之助・高城仙次郎訳（1936）『貨幣の購買力』改造社。

30）たとえば，マネーストックMが1,000兆円，取引額PTが2,000兆円であるとき，貨幣の流通速度Vは$V=2$である。

31）たとえば，マネーストックMが1,000兆円，名目GDPを意味するPYが500兆円であるとき，マーシャルのkは$k=2$である。

32）マーシャルの主著は，アルフレッド・マーシャル著，永澤越郎訳（1991）『経済学原理』岩波ブックサービスセンター。

kと実質GDPであるYがほぼ一定であると仮定すれば，物価PはマネーストックMに比例して変化するはずである。したがって，やはり金融緩和を行ってマネーストックを増やせば，物価は上昇するはずだという結論に至る。

Alfred Marshall
（1842-1924）

マーシャルのk

そこでマーシャルのkを実際に計算したのが図8-8である。マネーストックは3種類あるので，M1，M2，M3，それぞれを名目GDPで割って計算している。これを見ると分かるように，マーシャルのkはほぼ一定というよりは，むしろ上昇傾向にある。

これは同じ名目GDPの下であったとしても，より多くの貨幣が用いられるようになっているということを意味する。たとえば，金利が下がれば人々は金融資産として他の資産よりも貨幣（現金・預金）を好んで保有する傾向にあるので，日本のような超低金利の国ではマーシャルのkが上昇すること（言い換えれば，貨幣の流通速度が低下すること）は不思議ではないかもしれない。また，

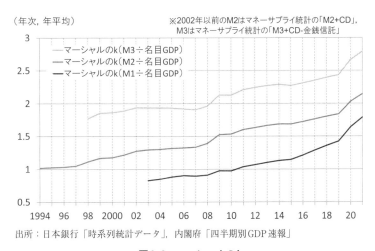

図8-8　マーシャルのk

現実の経済の動向をふまえれば，実質GDPがほぼ一定でないことも明らかである。ケインズの有効需要の原理によれば，GDP，所得水準は完全雇用の水準を下回る可能性が常にある。その場合，実質GDPは一定ではあり得ない。

以上のようにマーシャルのkと実質GDPがほぼ一定ではないとすれば，貨幣数量説が唱えるように物価Pが常にマネーストックMに比例して変化するとは限らないことになる。これによって金融緩和の効果が完全に否定されるものではないが，貨幣量が物価に与える影響の強弱，あるいは行うべき金融緩和の規模について，評価が分かれる要因の1つになり得よう。

4. 物価の実感

生活意識に関するアンケート調査（現在の物価の実感）

最後に人々が抱く物価の実感について見てみよう。本章の冒頭で確認したようにインフレ期待の影響があるので，物価については客観的な指数だけでなく人々がどのように感じているかということも重要になる。

たとえば，日本銀行が行っている生活意識に関するアンケート調査において，現在の物価の実感を尋ねている。図8-9を見ると，1年前に比べ現在の物価は

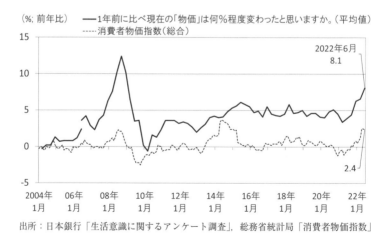

出所：日本銀行「生活意識に関するアンケート調査」，総務省統計局「消費者物価指数」

図8-9　生活意識に関するアンケート調査（現在の物価の実感）

何パーセント程度変わったと思いますかという質問に対して，2022年6月の結果は8.1％であった。実際は消費者物価指数の前年比によると，2022年6月は2.4％であったので，実際よりもはるかに高い物価上昇を人々が感じていたことになる。これは人によって実際に購入するものが異なるので，消費者物価指数とのずれが出るということもあるが，以下で確認するように，物価上昇に比べて所得が上昇していないことが影響していよう。

名目賃金と実質賃金 (現金給与総額)

　以前も登場した名目賃金，実質賃金を消費者物価指数と並べて示すと，図8-10のように推移している。実質賃金とは名目賃金を物価で割った値のことである。消費者物価指数は2013年以降，概ね上昇を続けている。一方，名目賃金は，2018年までは上昇していたが，2019年と2020年は下落し，2021年もわずかしか上昇していない。したがって，実質賃金を計算すると，名目賃金以上に減少しているか，横ばいに留まっている。実質賃金が上昇していかない限り，人々の暮らし向きは良くならない。

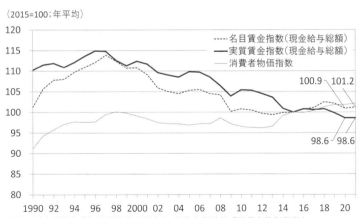

出所：厚生労働省「毎月勤労統計調査」，総務省統計局「消費者物価指数」

図8-10　名目賃金と実質賃金 (現金給与総額)

生活意識に関するアンケート調査（物価の見通し）

　生活意識に関するアンケート調査では，将来の物価の見通しについても調査を行っている（図8-11）。2022年6月の結果によると，87.1％の人は1年後に物価が上がると予想している。他方，1年後に物価が下がると思う人は1.5％にとどまった。遡ってみると，2000年代の後半には，長い景気回復によって物価上昇への期待が高まっていたが，リーマンショックによって挫かれてしまった。その後アベノミクスによって一時は80％以上の人が1年後に物価が上がると思う状況になったが，2019年後半からの景気悪化により物価が上がると思う人が減り続けていた。その後は原油高や円安の影響が大きく報じられていることもあり，物価が上がると思う人が再び増えつつある状況である。

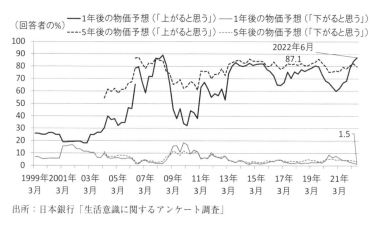

出所：日本銀行「生活意識に関するアンケート調査」

図8-11　生活意識に関するアンケート調査（物価の見通し）

消費動向調査（物価の見通し）

　消費動向調査においても類似の結果が出ている（図8-12）。やはり2019年の後半からインフレ期待が弱まっていたが，最近は再び強まっている。2022年6月の時点で，94.2％の人々は物価が上がると思っているが，2.3％の人々は変わらないと思っている。そして2.2％の人々は物価が下がると思っている。

　物価が上がると思っている人々は消費や住宅投資を早める可能性があるが，

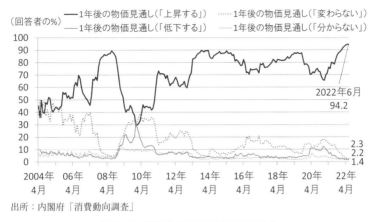

（回答者の%）

― 1年後の物価見通し（「上昇する」）　……1年後の物価見通し（「変わらない」）

― 1年後の物価見通し（「低下する」）　‐‐‐‐1年後の物価見通し（「分からない」）

2022年6月
94.2

2.3
2.2
1.4

出所：内閣府「消費動向調査」

図8-12　消費動向調査（物価の見通し）

物価が下がると思っている人々は消費や住宅投資を踏みとどまるはずである。

　日本銀行がインフレ・ターゲティングを行っている狙いの1つには，このインフレ期待を高めることによって，消費や住宅投資を前倒しで促し，それによって経済全体の需要を創出するという狙いがあるが，最近のインフレ期待はそのような金融緩和の直接的な効果というよりも原油高や円安によるコスト・プッシュ・インフレーションによって強まりつつある。

短観（物価の見通し）

　企業を対象とする日銀短観でも物価全般の見通しを聞いている。ここでもやはり2019年の後半からインフレ期待が弱まっていることが分かる（図8-13）。2022年6月の結果では，1年後に前年比で＋1％程度以上物価が上昇するという回答は全体の68.9％であった。他方，回答者の0.9％は1年後に前年比で－1％程度以下まで物価が下がるという見通しを持っている。

　この場合，68.9％の企業は物価上昇を見越して1年以内に投資を早める可能性があるが，0.9％の企業は物価下落を見越して1年以内の投資を踏みとどまるかもしれない。もちろん，企業の投資意思決定には他にもさまざまな要因が関係するが，それでもなおインフレ期待やデフレ期待が行動の変化を起こし得る

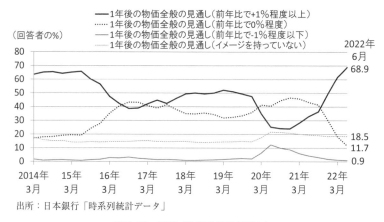

出所：日本銀行「時系列統計データ」

図8-13　短観（物価全般の見通し）

ということには留意しなければならない。

《計算問題》

・ある国の経済が産業A，Bのみからなり，互いに中間投入がないとき，2005年の名目GDP，2015年の名目GDP，2005年基準の2015年の実質GDP，2005年基準の2015年のGDPデフレーター（パーシェ指数），2005年基準の2015年のラスパイレス指数を計算しなさい。（ヒント：表8-1）

産業A（財A）		
	2005年	2015年
価格	30	40
数量	40	60

産業B（財B）		
	2005年	2015年
価格	20	60
数量	40	10

（答え：2005年の名目GDP=2000，2015年の名目GDP=3000，2005年基準の2015年の実質GDP=2000，2005年基準の2015年のGDPデフレーター=150，2005年基準の2015年のラスパイレス指数=200）

・ある国の経済が産業A，Bのみからなり，互いに中間投入がないとき，2015年の名目GDP，2020年の名目GDP，2015年基準の2020年の実質GDP，2015年基準の2020年のGDPデフレーター（パーシェ指数），2015

年基準の2020年のラスパイレス指数を計算しなさい。

産業A（財A）		
	2015年	2020年
価格	50	40
数量	20	30

産業B（財B）		
	2015年	2020年
価格	20	40
数量	30	50

（答え：2015年の名目GDP=1600，2020年の名目GDP=3200，2015年基準の2020年の実質GDP=2500，2015年基準の2020年のGDPデフレーター=128，2015年基準の2020年のラスパイレス指数=125）

・ある国の経済において，フィッシャーの交換方程式$MV=PT$が成立している。マネーストックが1,000兆円，取引額が2,000兆円であるとき，貨幣の流通速度はいくつか。（ヒント：注30）

（答え：$V=2$）

・ある国の経済において，フィッシャーの交換方程式$MV=PT$が成立している。マネーストックが1,500兆円，取引額が1,800兆円であるとき，貨幣の流通速度はいくつか。

（答え：$V=1.2$）

・ある国の経済において，ケンブリッジ方程式$M=kPY$が成立している。マネーストックが1,000兆円，名目GDPが500兆円であるとき，マーシャルのkはいくつか。（ヒント：注31）

（答え：$k=2$）

・ある国の経済において，ケンブリッジ方程式$M=kPY$が成立している。マネーストックが1,500兆円，名目GDPが625兆円であるとき，マーシャルのkはいくつか。

（答え：$k=2.4$）

第9章

国際収支と為替相場の動向

1. 国際収支と国際貸借

日本の国際収支

　初めに国際収支と国際貸借について確認しておこう。マクロ経済循環（図1-1）の中には，海外部門に関係するフローがいくつかある。まず，財・サービス市場では輸出と輸入がある。一国内で生産された財・サービスは，消費，投資，政府支出といった国内需要によって主に吸収された後，残りは海外に対する輸出となる。そして，金融市場では資本の流入と流出がある。

　海外部門が関わるフローの全体像を把握するには国際収支を用いる。これは一定期間における一国（居住者）の海外（非居住者）との経済取引を，受取り，支払いまたは物資・サービス・資本の流れで捉えた統計であり，3つの部分から成り立っている。

　1つ目は経常収支であり，金融収支に計上される取引以外の，居住者・非居住者間での債権・債務の移動を伴うすべての取引の収支である。ここには3つの収支が含まれる。貿易・サービス収支は，財貨の輸出入とサービス取引（輸送，旅行など）の収支である。第一次所得収支は，雇用者報酬（賃金・給与など），投資収益（利子・配当金など），その他第一次所得（生産にかかる税・補助金など）の受取り・支払いの収支である。第二次所得収支は，官民の無償資金協力，寄付，贈与などの，対価を伴わない資産提供にかかる収支である。

　2つ目は資本移転等収支であり，これは対価を伴わない固定資産の提供，債務免除のほか，非金融非生産資産（特許権，著作権，商標権，リース契約など）の取得処分等の収支である。

　3つ目は金融収支であり，海外の金融資産にかかる債権・債務の移動を伴う

（兆円）　■経常収支　□資本移転等収支　⊠金融収支（符号反転）　▨誤差脱漏

出所：財務省「国際収支状況」

図9-1　日本の国際収支

取引の収支である。これは直接投資，証券投資，金融派生商品，その他投資，外貨準備の合計である。

　図9-1は日本の国際収支を示している。先ほどの経常収支，資本移転等収支，金融収支，そして誤差を示す誤差脱漏からなるが，このうち金融収支については，プラス・マイナスの符号を反転させてグラフに示している。グラフのゼロから上の部分とゼロから下の部分がほぼ対称になっているように見えるのは，国際収支統計において，

$$経常収支 + 資本移転等収支 - 金融収支 + 誤差脱漏 = 0$$

という関係（誤差脱漏の部分を無視すれば，経常収支 + 資本移転等収支 = 金融収支という関係）が常に成立するからである。たとえば，日本から海外に何かを輸出したとき，経常収支が増加する一方で海外から対価として外貨を受け取ると，その外貨は海外の資産に投資されるか，国内に外貨準備として保有されることになる。したがって，金融収支も同じだけ増えることになるからである。

　日本の経常収支は，2014年まで落ち込んでいたが，2015年以降再び増加している。その理由を明らかにするために経常収支の内訳を見てみよう。図9-2

には日本の経常収支の内訳である貿易収支，サービス収支，第一次所得収支，第二次所得収支，そして貿易収支・サービス収支を足し合わせた貿易・サービス収支，そこにさらに第一次所得収支と第二次所得収支を足し合わせた経常収支の全体の推移が示されている。

　貿易収支については1981〜2010年までずっと黒字，つまり純輸出国であった。2011〜2015年まではそれが赤字に転じて日本は純輸入国となったが，2016年以降は再び黒字に転じ，純輸出国となっている。サービス収支については，日本は一貫してサービスの純輸入国である。つまり旅行や輸送といったサービスによる海外からの受け取りよりも海外への支払いが多い状態が続いている。しかし，日本の経常収支黒字の源泉は何かという視点から見てみると，このグラフの中で最も大きいのは第一次所得収支である。第一次所得収支は，先ほど触れたように，海外から受け取る賃金・給与等，あるいは利子・配当金等であり，図9-2のように，1990年代から次第に増加してきた。日本の経常収支黒字の源泉は，もはや国内生産の輸出ではなく，海外での生産や投資，そしてそこから日本に送られてくる第一次所得収支へと移ってきたのである。

　図9-3は日本の資本移転等収支の内訳を示している。このうち非金融非生産

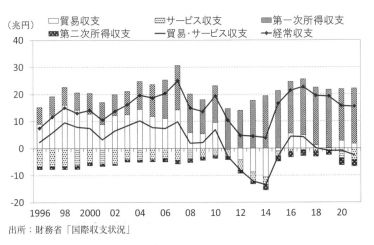

出所：財務省「国際収支状況」

図9-2　日本の経常収支

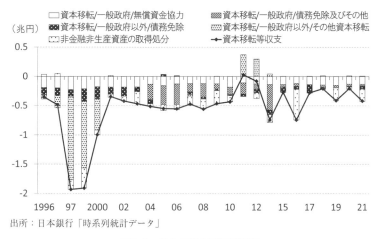

凡例：
資本移転/一般政府/無償資金協力　　　資本移転/一般政府/債務免除及びその他
資本移転/一般政府以外/債務免除　　　資本移転/一般政府以外/その他資本移転
非金融非生産資産の取得処分　　　資本移転等収支

（兆円）

出所：日本銀行「時系列統計データ」

図9-3　日本の資本移転等収支

資産とは，金融資産でも生産されたものでもない，特許権，著作権，商標権，リース契約などのことである。資本移転とは，ODA（政府開発援助）のような無償資金協力，債務免除，そしてその他の対価を伴わない固定資産の提供を含んでいる。これらをすべて足し合わせると資本移転等収支になる。グラフを見ると，資本移転等収支は2011年にのみプラスに転じている。日本は途上国を継続的に支援してきたので，資本移転等収支はマイナスであったが，東日本大震災のあった2011年には多くの救援物資と支援を海外から受け取り，一般政府以外の資本移転が増加したことによるものである。

　そして図9-4は，日本の金融収支の内訳を表している。直接投資は海外で支店や工場を設立したり，既存企業を買収して経営権を取得したりした場合にプラスとなる。証券投資は利益獲得のための証券の取引を表している。金融派生商品はスワップ，オプションなど，金融市場の特定のリスクを取引するための金融商品である。外貨準備は，金融当局によって保有されている対外資産のことを指す。これらをすべて合計すると金融収支になる。グラフを見ると，この中で一貫してプラスであるのは直接投資である。1990年代から見ても直接投資の額はますます増えており，日本企業による海外での支店や工場の設立，経

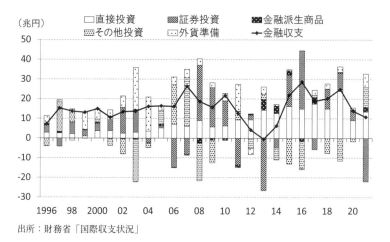

（兆円）

凡例:
□直接投資　▨証券投資　▨金融派生商品
▨その他投資　▨外貨準備　◆金融収支

出所：財務省「国際収支状況」

図9-4　日本の金融収支

営権取得を目的とする企業買収などがさらに増加していることを示している。2020年は新型コロナウイルス感染症の影響により直接投資も減少したが，2021年には再び増加している。

日本の国際貸借

　ここまで見てきた国際収支の内訳は，すべて国と国の間の1年間の取引についての指標，つまりフロー指標であった。他方，国際貸借は，日本が外国に対してどのくらいの資産と負債を持っているかを示すストック指標である。

　図9-5のように，2021年末，日本国民の対外資産は1,249兆円に達し，負債は838兆円を超えている。差し引きしたネット（純額）の国際貸借，つまり対外純資産は411兆円であり，これは対外資産負債残高を公表している国の中では31年連続で世界最大となっている。

経常収支と財政収支

　以上で登場した経常収支と第6章で触れた財政収支には密接な関係がある。第1章ではGDPについて以下の式が成立することを確認した。1つはGDPの

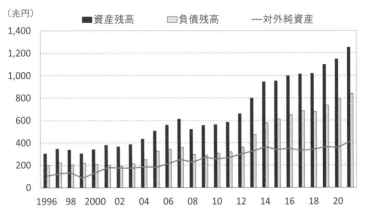

（兆円）

出所：財務省「本邦対外資産負債残高」

図9-5　日本の国際貸借（対外資産負債残高）

支出面の式であり，

$$\underset{\text{GDP}}{Y} = \underset{\text{消費}}{C} + \underset{\text{投資}}{I} + \underset{\text{政府支出}}{G} + \underset{\text{輸出}}{EX} - \underset{\text{輸入}}{IM}$$

であった。もう1つはGDPの分配面の式であり，

$$\underset{\text{GDP}}{Y} = \underset{\text{消費}}{C} + \underset{\text{貯蓄}}{S} + \underset{\text{税金}}{T}$$

であった。それぞれの式の右辺どうしを結んで整理すると，

$$\underset{\underset{\text{貿易・サービス収支}}{\text{輸出}}}{EX} - \underset{\text{輸入}}{IM} = (\underset{\underset{\text{民間貯蓄投資差額}}{\text{貯蓄}}}{S} - \underset{\text{投資}}{I}) + (\underset{\underset{\text{財政収支}}{\text{税金}}}{T} - \underset{\text{政府支出}}{G})$$

となる。輸出－輸入は言い換えれば貿易・サービス収支のことであり，貯蓄－投資は貯蓄と投資の差を取っているので民間貯蓄投資差額と呼ばれる。税金－政府支出は税金で政府支出を賄えているか否かであるので，言い換えれば財政収支である。そして，より厳密には，この式は貿易・サービス収支についてではなく，経常収支について成り立ち，次式のようになる。

　　経常収支＝民間貯蓄投資差額＋財政収支

たとえば，日本の場合，本章で見たように経常収支は黒字である。財政収支は第6章で確認したように赤字である。このとき，先ほどの式の左辺がプラスであれば右辺もプラスであるはずなので，民間貯蓄投資差額の部分はプラスになっているはずだと言える。実際に第7章の資金循環統計で確認したように，日本では企業と家計を合わせた民間は貯蓄超過，資金余剰の部門になっている。つまり日本では，民間の企業や家計の貯蓄超過が金融機関を通じて国債購入に回り，政府の財政赤字を資金的に支えているが，それでもなお残る貯蓄超過が経常収支黒字となって，対外金融資産の純増に繋がっている。言い換えれば，経常収支が黒字である限りは，その年の財政赤字を国内の貯蓄による国債購入で賄うことができ，海外からの国債購入に頼らなくて良いということでもある。したがって，日本の国債のほとんどは国内で保有されている。

2. 国際貿易の理論

なぜ国々は貿易をするのか

次に国際貿易の基本的な理論を確認しておこう。自由貿易を進めることについては，これまで賛成の議論と反対の議論があった。

自由貿易に賛成の古典的な議論としては絶対生産費説というアダム・スミスの考えがある。これは他国と比べて生産費用が低い財の生産（絶対優位である産業）に特化すれば，国際貿易から利益を得られるという考え方である。それに対して，デイヴィッド・リカードが唱えたのは比較生産費説であった。これは自国の中で相対的に生産費用が低い財（比較優位である産業）に特化すれば，国際貿易から利益を得られるという考え方である。

他方，自由貿易には反対の議論もある。フリードリヒ・リストが唱えた幼稚

---

33) たとえば，経常収支が15兆円の黒字，財政収支が30兆円の赤字であるとき，民間貯蓄投資差額は45兆円の黒字（貯蓄超過）となる。

34) スミスの主著は，アダム・スミス著，大内兵衛・松川七郎訳(1965)『諸国民の富』岩波書店。

35) デイヴィッド・リカード著，羽鳥卓也・吉澤芳樹訳 (1987)『経済学および課税の原理』岩波書店。

| Adam Smith | David Ricardo | Friedrich List |
| (1723-1790) | (1772-1823) | (1789-1846) |

産業保護論では，発展段階の初期にある産業は，将来的に生産性が向上して競争力を持つようになるまで国際競争から保護されるべきだと主張された[36]。また，近年もよく聞かれるのは国内雇用の維持という議論である。貿易が行われて海外製品が入ってくると国内製品の代替財となり，国内の生産ひいては雇用を減少させる可能性があるので，輸入を制限すべきであるという考えである。しかし今日，多くの経済学者は，短期的には国内産業の保護が必要な場合があるとしても，少なくとも長期的には自由貿易が有益であると考えている。

貿易による利益

　貿易による利益はどのようにして生じるのか。たとえば，表9-1のように，A，B両国が自動車と小麦を生産しており，労働投入と生産量が分かっているとする。このとき，2国間で貿易を行うと，各国の自動車と小麦の生産量がどのように変化するか，先ほどの比較優位の考えを使って考えてみよう。

　まず1単位の生産に必要な労働投入を求めると，A国で自動車1単位の生産に必要な労働投入は$500 \div 100 = 5$であり，A国で小麦1単位の生産に必要な労働投入は$500 \div 50 = 10$である。また，B国で自動車1単位の生産に必要な労働投入は$2,000 \div 50 = 40$であり，B国で小麦1単位の生産に必要な労働投入は2,000

36）フリードリヒ・リスト著，小林昇訳（1970）『経済学の国民的体系』岩波書店。

表9-1 貿易による利益

貿易なし	労働投入		生産量		1単位の生産に必要な労働投入	
	自動車	小麦	自動車	小麦	自動車	小麦
A国	500	500	100	50	5	10
B国	2,000	2,000	50	100	40	20

貿易あり	労働投入		生産量		貿易前と比べた生産量の増減	
	自動車	小麦	自動車	小麦	自動車	小麦
A国	1,000	0	200	0	+100	−50
B国	0	4,000	0	200	−50	+100

÷100=20である。これだけを見ると，B国よりもA国の方が自動車，小麦ともに少ない労働投入で生産できるので，両方ともA国に任せてしまえば良いと思われるかもしれないが，それは絶対優位の考え方である。比較優位の考え方によれば，それぞれの国の中で相対的に生産費用が少ない方に特化するので，A国であれば自動車，B国であれば小麦に特化して貿易をするのが正しい。

　貿易をする場合の労働投入と生産量を計算すると，A国では合計1,000の労働投入をすべて使って自動車が1,000÷5=200生産され，B国では合計4,000の労働投入をすべて使って小麦が4,000÷20=200生産される。貿易をしない場合と比べてみると，A国の自動車の生産量は100から200へと100増え，小麦の生産量は50から0へと50減っている。B国は自動車の生産量が50から0へと50減り，小麦の生産量が100から200へと100増えている。両国を合わせて考えると，全体で自動車の生産は50増え，小麦の生産も50増えている。

　このように国際的に分業すると，全体として生産できるものが増えるというのが貿易の最大の利点である。もちろん，貿易をする前には自動車は合計150，小麦も合計150しか生産されていなかったわけであるから，それぞれ合計200を生産できたとしても需要を上回ってしまう恐れがある。ただしその場合は，残った50をC国やD国といった別の国に輸出するか，あるいは最初から生産を合計150に留めておいて余った労働投入をまったく別の財やサービスの生産に振り向けるという方法も考えられる。

輸出と輸入の決定要因

輸出と輸入を左右する主な要因は3つある。

1つ目は，自国の景気である。自国の景気が改善すると，国産品だけではなく海外製品に対する国内需要も増えるため，海外からの輸入が増加する。

2つ目として，海外の景気も関係する。海外の景気が改善すると，自国製品に対する海外需要が増加するため，海外への輸出が増加する。

3つ目は，自国通貨の為替相場である。自国通貨高（円であれば円高）になると，輸入製品の価格（自国通貨建て）が下落するため輸入が増加し，輸出製品の価格（外貨建て）が上昇するため輸出が減少する。[37] 他方，自国通貨安（円であれば円安）になると，輸入製品の価格（自国通貨建て）が上昇するため輸入が減少し，輸出製品の価格（外貨建て）が下落するため輸出が増加する。[38] 為替相場と輸出入の数量の関係についてはこれが原則であるが，実際には価格の動きと数量の動きがあるので，輸出入額についてはこの限りではない。

以上の3つの要因のうち，自国の景気，日本国内の景気についてはこれまで十分に触れてきたので，本章では2つ目と3つ目の要因について見ていこう。

世界経済と世界貿易

図9-6は，世界全体の貿易量とその前年比の増減率，そして世界全体の合計したGDPの成長率を示している。世界全体の貿易量，世界貿易量は左軸で2010年を100とする指数である。世界貿易量の前年比の増減率と世界GDPの成長率は右軸のパーセンテージである。すると，このグラフから世界全体の景気と貿易の関係が見てとれる。

たとえば，2009年の世界金融危機の頃を見ると，世界の成長率はゼロを下

37）たとえば，為替レートが1ドル＝100円のとき100円で輸入していた海外製品は，1ドル＝80円になると，輸入価格は100÷100×80＝80円となる。また，為替レートが1ドル＝100円のとき7.2ドルで輸出していた日本製品は，1ドル＝80円になると，輸出価格は7.2×100÷80＝9ドルとなる。

38）たとえば，為替レートが1ドル＝100円のとき100円で輸入していた海外製品は，1ドル＝120円になると，輸入価格は100÷100×120＝120円となる。また，為替レートが1ドル＝100円のとき7.2ドルで輸出していた日本製品は，1ドル＝120円になると，輸出価格は7.2×100÷120＝6ドルとなる。

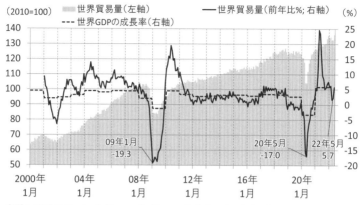

09年1月
-19.3

20年5月
-17.0

22年5月
5.7

出所：CPB Netherlands Bureau for Economic Policy Analysis, "CPB World Trade
Monitor"; The World Bank, "Databank"

図9-6　世界経済と世界貿易

回って−1.7％であった。先ほど輸出は海外の需要に依存すると述べたが，世界全体で見た貿易量もやはり世界全体の景気に依存する。世界全体のGDPが落ち込んだときには，当然ながら世界全体の貿易量も大きく落ち込むことになる。これは新型コロナウイルス感染症のような状況においても言えることであろう。最も深刻であった2020年5月を見ると，世界全体の貿易量は前年比で−17.0％であった。世界の多くの国で経済が停滞し，互いに海外からの需要，海外への需要が減少したため，貿易量も大きく減少した。

3. 日本の国際貿易

海外貿易への依存度

　次に日本の国際貿易の状況を見ていこう。支出面から見たGDP（図1-9）において，財貨・サービスの輸出は15.6％，輸入は15.8％であった。差し引きすると，純輸出は−0.2％である。これは外需つまり海外から日本に対する需要よりも，日本から海外に対する需要の方が大きかったということを意味する。

　図9-7のように諸外国のGDPに対する輸入と輸出の比率を見てみると，各

国が海外貿易にどのくらい依存しているかが分かる。諸外国と比べてみると，日本の輸入輸出の比率は，たとえばアメリカよりも高い水準にあるが，図中の他の先進国はさらに高い水準にあることが見てとれる。これらの国は日本よりも海外貿易への依存度が高い国々である。

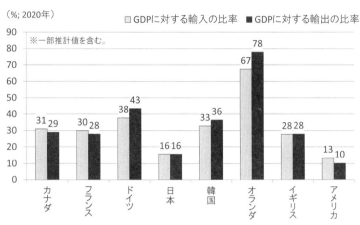

（%; 2020年）

□ GDPに対する輸入の比率　■ GDPに対する輸出の比率

※一部推計値を含む。

出所：OECD, "Trade in goods and services"

図9-7　諸外国の海外貿易への依存度

輸出と輸入の変化

　図9-8は日本の財の輸出入のみに注目し，その輸出入額を月次で示したものである。太い実線の折れ線グラフは輸出，細い実線の折れ線グラフは輸入，その差額（ネット）の部分が棒グラフで表されている。これを見ると，2009年の世界金融危機や2020年の新型コロナウイルス感染症の最中には国内需要と海外需要の両方が落ち込んだため，輸入と輸出の両方が減少していた。

　これは月次のグラフであるが，年次で見ると2011年から2015年には輸入が輸出を上回る，輸入超過の状態であった。月次においても差し引きした貿易収支は，多くの月でマイナスを記録した。

　その他の輸出入の増減の原因を知るには，その金額の変化を価格と数量に分けて考える必要がある。

（10億円; 月次）　■貿易収支/ネット　―貿易収支/輸出　―貿易収支/輸入

出所：日本銀行「時系列統計データ」

図9-8　日本の財の輸出額と輸入額

　価格と数量の変化を知るには，図9-9に示されているように，輸出数量指数，輸入数量指数，輸出価格指数，輸入価格指数を使う。このうち数量指数は，主に財に対する需要の変化，価格指数は価格と為替レートの変化を反映するものである。

　たとえば2011年からは，原油価格が高騰したため，輸入価格が上昇している。2013～2015年頃までは，アベノミクスの金融緩和による円安によって，

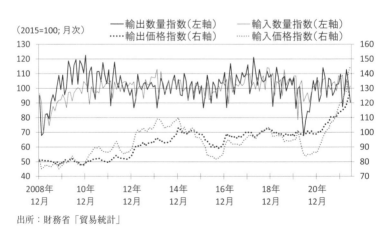

（2015=100; 月次）　―輸出数量指数（左軸）　―輸入数量指数（左軸）
　　　　　　　　　‥‥輸出価格指数（右軸）　‥‥輸入価格指数（右軸）

出所：財務省「貿易統計」

図9-9　日本の輸出・輸入の数量・価格指数

輸出価格指数と輸入価格指数の両方が上昇しているが，輸出数量はあまり伸びていないことも確認できる。2016年には再び円高気味になったが，その後はやはり円安に戻る。2020年は新型コロナウイルス感染症の影響で原油安であったため，輸入価格指数が下落していた。しかし，2021年からは原油高と円安が進行しているため，輸出価格指数と輸入価格指数の両方が上昇している。世界経済も以前に比べると回復しているため，落ち込んでいた輸出数量指数，輸入数量指数は概ね回復基調にある。

上場企業の海外生産比率

　図9-10は上場企業の海外現地生産の比率を示している。棒グラフは海外現地生産を行っている企業の割合を示しており，このように近年は60％以上の企業が海外現地生産を行っている。黒色の実線・点線の折れ線グラフは，海外現地生産比率の前年度の実績と当該年度の実績見込み，そして5年後の見通しを示している。灰色の実線・点線の折れ線グラフは，逆輸入比率の前年度の実績と当該年度の実績見込み，5年後の見通しを示している。

　2001年以降の推移を見てみると，海外現地生産比率，つまり生産高全体に

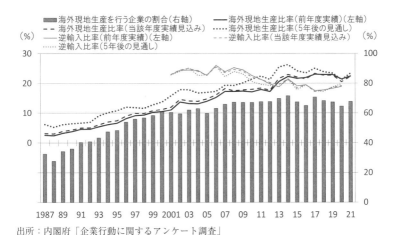

出所：内閣府「企業行動に関するアンケート調査」

図9-10　上場企業の海外生産比率

占める海外現地生産高の割合は増加傾向にある。他方，逆輸入比率つまり海外現地生産高全体に占める日本への輸出の割合は，減少傾向にある。これらを合わせて考えると，日本の消費者のために海外で生産するのではなく，文字通りの現地生産化，海外市場の開拓が進みつつあるということが言えよう。両数値を利用可能な2020年度について見ると，海外現地生産比率は少し低下して21.2％（2021年度は22.3％），逆輸入比率は少し上昇して19.8％であった。

旅行サービス貿易と旅行者

　財ではなくサービスの貿易については，特に旅行サービスについて見ておこう。図9-11には旅行サービスに関する受け取りと支払い，訪日外客数と出国日本人数を示している。旅行サービスに関する海外への支払いは，日本の海外旅行者の数によって決まる。このグラフで特に2015年以降を見ると，訪日外客数が出国日本人数を上回り，それによって旅行サービスに関する受け取りが支払いの金額を上回る状況が生じていた。ところが2020年以降は新型コロナウイルス感染症の影響によって，訪日外客数，出国日本人数ともに激減し，旅行サービスに関する受け取りと支払いも低迷する状況であった。

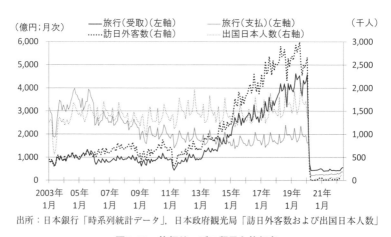

出所：日本銀行「時系列統計データ」，日本政府観光局「訪日外客数および出国日本人数」

図9-11　旅行サービス貿易と旅行者

4. 円の為替レート

上場企業の為替相場観

　最後に円の為替レートについて見ていこう。図9-12が示しているのは，上場企業に聞いた1年後の予想ドル／円レートと特に輸出企業の採算の取れるドル／円レートである。輸出企業にとっては円高で不利，円安で有利となるので，図中の為替レートができるだけ下，円安の方向にある方が好都合である。したがって，灰色の実線の折れ線グラフが示す採算の取れるドル／円レートの線より下側にあれば，これらの輸出企業は採算がとれるということを意味している。

　黒色の実線の折れ線グラフで示されている実際の現行ドル／円レートと比べてみると，1993〜1995年の期間，そして2011〜2012年の期間には，輸出企業の採算が取れないほど円高が進行していたことが分かる。この後者の期間，2011〜2012年の円高は輸出企業の採算を悪化させ，図9-10で見た2013年以降の海外現地生産化の動きへと繋がっている。

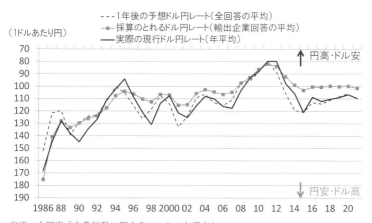

出所：内閣府「企業行動に関するアンケート調査」

図9-12　上場企業の為替相場観

円の為替レート

　円の為替レートの歴史を図9-13によって振り返っておこう。1944年7月か

らのブレトンウッズ体制の下では、ドル／円レートは1ドル360円に固定されていた。1971年12月からのスミソニアン体制の下では1ドル308円へと変更される。その後、1973年3月から変動相場制が始まり、さまざまな通貨の為替レートは市場での需要と供給を反映して変動するようになった。1985年9月にはG5、先進国5ヶ国がプラザ合意によって円安ドル高を是正し円高を促進することに同意した。これにより実際に円高に向かっていく。日本では円高不況につながり、金融緩和を経てバブルへと至った要因の1つである。1999年1月にはユーロが創設され、順調に推移していたが、2009年のリーマンショック、世界金融危機によって大幅なユーロ安へと転じる。2013年からはアベノミクスの金融緩和によって円安へと向かったが、その後も金融緩和が継続されたことにより2022年には1ドル130円以上の大幅な円安を記録している。

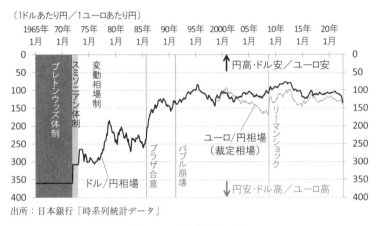

図9-13　円の為替レート

円の実質実効為替レート

　ただし、通貨の実力の変化を知るには、1つの為替レートを見るだけでは不十分だと言われている。実質実効為替レートは、さまざまな為替レートと物価水準を考慮に入れて計算されたレートである。図9-14では黒色の折れ線グラフで示されている。これによると、近年、円の実質実効為替レートは低迷して

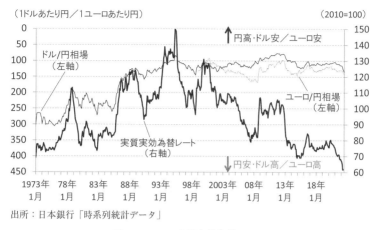

（1ドルあたり円／1ユーロあたり円）　　　　　　　　　　（2010=100）

出所：日本銀行「時系列統計データ」

図9-14　円の実質実効為替レート

おり，50年前まで遡ってみても歴史的に低い水準にある。

ビッグマック指数

　正しい為替レートはいくつかというのは非常に難しい問題である。図9-15は，
ハンバーガーのビッグマックが各国でいくらか，2022年1月時点の為替レート

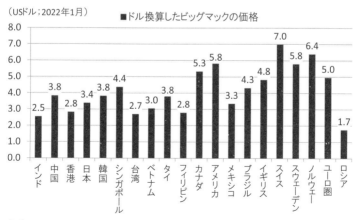

（USドル；2022年1月）　■ドル換算したビッグマックの価格

出所：The Economist, "Interactive Currency-comparison Tool"

図9-15　ビッグマック指数

でドルに換算した価格を示しており，ビッグマック指数と呼ばれる。たとえば，アメリカでは5.8ドルだが，日本では3.4ドルであり，日本円にして390円で売られている。同じビッグマックがアメリカで5.8ドル，日本で390円という価格が正しいならば，為替レートは390÷5.8≒67.2より，1ドル67.2円でなければならないはずである。ところが当時の実際の為替レートは1ドル115.225円である。したがって，もしビッグマックの価格が正しいならば，実際の為替レートにおいて，円は円安方向に過小評価されており，ドルは過大評価されていることになる。

為替レートの決定要因

為替レートの決定要因には諸説あるが，長期では購買力平価を反映すると考えられている。長期的には，各国通貨の購買力平価（1単位の各国通貨で各国内の財・サービスをどのくらい買えるかの比率）が為替レートを決定する。通貨の購買力（どのくらい財・サービスを買えるか）は物価水準（どのくらい財・サービスが高いか）の逆数なので，各国の物価水準が変化すると，為替レートも変化することになる。

もう1つは金利である。短期的には，各国の名目金利または実質金利（＝名目金利−インフレ率）の差が為替レートの変化を説明する。人々は，金利が高い国の通貨を買い，金利が低い国の通貨を売ることによって利益を得ようとするため，金利が高い国の通貨が増価し（円であれば円高になり），金利が低い国の通貨が減価する（円であれば円安になる）ためである。

購買力平価とドル／円レート

図9-16は実際に購買力平価とドル／円レートの推移を重ねて示したものである。太い折れ線グラフはドル／円レートであり，細い折れ線グラフは購買力平価である。これを見ると長期では，確かにドル／円レートは購買力平価に近づいているように見える。

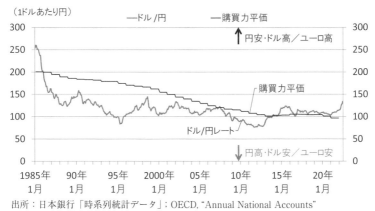

（1ドルあたり円）

——ドル／円　　　　——購買力平価

↑ 円安・ドル高／ユーロ高

購買力平価

ドル／円レート

↓ 円高・ドル安／ユーロ安

1985年　90年　95年　2000年　05年　10年　15年　20年
　1月　　1月　　1月　　1月　　1月　　1月　　1月　　1月

出所：日本銀行「時系列統計データ」；OECD, "Annual National Accounts"

図9-16　購買力平価とドル／円レート

金利・インフレ率とドル／円レート

　他方，図9-17は，日米の金利の差とドル／円レートの推移を示している。
これを見ると，特に2000年代以降に顕著に見られるが，ドル／円レートの動
きと日米の金利差の動きは総じて同じ方向に動いているように見受けられる。
これはアメリカの金利が日本に比べてより高くなると，投資家は利益を得るた
めに金利の高いドルを買い，円を売る。それによって円安となっていくためで
ある。そのとき，このグラフでは，金利差の線は上方向に動き，ドル／円レー
トの線は上方向に動くので，同じ方向に動くことになる。

　そして図9-18は，日米のインフレ率（物価上昇率）の差とドル／円レートの
推移を示している。これを見ると，特に1990年代まで顕著に見られるが，ドル
／円レートとインフレ率の差は総じて逆の方向に動いているように見受けられる。
これはアメリカのインフレ率が日本に比べてより高くなり，したがってアメリ
カの実質金利（＝名目金利−期待インフレ率）が低くなると，投資家は利益を得
るために円を買い，ドルを売る。それによって円高となっていくためである。
そのとき，このグラフではインフレ率差の線は上方向に動き，ドル／円レート
の線は下方向に動くので，逆の方向に動くことになる。

出所：日本銀行「時系列統計データ」；OECD, "Long-term interest rates"

図9-17　金利とドル／円レート

出所：日本銀行「時系列統計データ」；OECD, "Inflation（CPI）"

図9-18　インフレ率とドル／円レート

財政政策・金融政策と海外部門

　海外部門と為替レートの影響をふまえると，第6章で触れた財政政策の波及プロセス（図6-4）は図9-19のように考えられる。政府支出の拡大か減税を行って派生需要が生み出され，生産水準が上昇し，雇用量が増加し，所得水準と物価が上昇していくと，貨幣需要の増加と実質貨幣供給の減少によって金利が上昇する。金利の上昇は海外からの資本の流入（自国通貨の買い）をもたらす

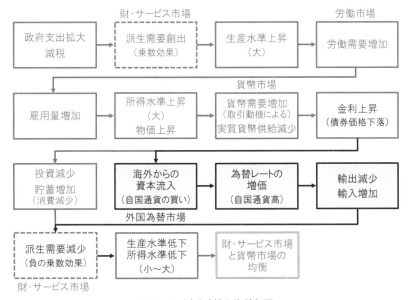

図9-19　財政政策と海外部門

ため，自国通貨の為替レートが増価する（円であれば円高になる）。自国通貨高（円であれば円高）になると，輸出が減少し輸入が増加するため，その分の派生需要が減少し，生産水準と所得水準は低下することになる。もし海外部門の影響が大きい場合には，財政政策による生産・所得水準上昇の効果が相殺されてしまう可能性がある。

　また，海外部門と為替レートの影響をふまえると，第7章で触れた金融政策の波及プロセス（図7-3）は図9-20のように考えられる。買いオペレーションを行ってマネタリーベースが増加すると，マネーストックつまり貨幣供給の増加によって金利が低下する。金利の低下は海外への資本の流出（自国通貨の売り）をもたらすため，自国通貨の為替レートが減価する（円であれば円安になる）。自国通貨安（円であれば円安）になると，輸出が増加し輸入が減少するため，その分の派生需要が増加し，生産水準と所得水準は上昇することになる。もし海外部門の影響が大きい場合でも，金融政策による生産・所得水準上昇の効果は増幅される可能性がある。

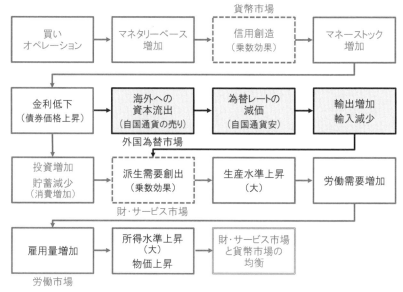

図9-20　金融政策と海外部門

《計算問題》

・ある国の経常収支が15兆円の黒字，財政収支が30兆円の赤字であるとき，民間貯蓄投資差額はいくらか。（ヒント：注33）

（答え：45兆円の黒字）

・ある国の財政収支が55兆円の赤字，民間貯蓄投資差額が35兆円の赤字（投資超過）であるとき，経常収支はいくらか。

（答え：90兆円の赤字）

・為替レートが1ドル=100円のとき7.2ドルで輸出していた日本製品は，為替レートが1ドル=80円になると輸出価格がいくらになるか。（ヒント：注37）

（答え：9ドル）

・為替レートが1ドル=100円のとき6.5ドルで輸出していた日本製品は，為替レートが1ドル=130円になると輸出価格がいくらになるか。

（答え：5ドル）

・為替レートが1ドル＝100円のとき，アメリカで5ドルのハンバーガーが日本で390円であり，ハンバーガーの価格が正しいとすれば，為替レートによる1ドルの価値はどのくらい過大評価されていることになるか。（ヒント：図9-15）

（答え：22円分）

・為替レートが1ドル＝130円のとき，アメリカで6ドルのハンバーガーが日本で390円であり，ハンバーガーの価格が正しいとすれば，為替レートによる1ドルの価値はどのくらい過大評価されていることになるか。

（答え：65円分）

第 10 章
経済成長と成長戦略の行方

1. 経済成長の理論

生産水準の決定

まず経済成長の理論について確認しよう。第1章で触れたように，日本は高度経済成長期には平均9％を超えるGDP成長率を達成していたが，安定成長期には平均4％，1990年代以降は平均1％未満となった。GDP成長率から見る限り，日本の経済成長が滞っていることは明らかな事実であり，いかにして経済成長を実現するかは日本経済の最大の課題の1つであると言えよう。

第6章で確認したように，生産水準GDPの決定については2つの見方があり，1つは有効需要の原理であった。生産された財・サービスは，人々が十分な可処分所得を持っているときにのみ需要されるという考え方である。この場合，需要と供給のうち需要の側が生産と雇用の水準（つまりGDP）を決定することになる。もし需要が少なすぎるとしたら，政府は非自発的失業を減らすため，財政金融政策によって有効需要を生み出すことになる。

もう1つはセイの法則であった。生産された財・サービスは価格調整の結果として常に需要されるという考え方である。この場合，需要と供給のうち供給の側が生産と雇用の水準を決定することになる。第6章で指摘したように，今では多くの経済学者がケインズの考え方，有効需要の原理は少なくとも短期的には正しいと信じているが，長期的にはやはり価格メカニズムがうまく機能するのでセイの法則が正しいと信じている。経済成長を考えるときには短期ではなく長期で物事を見るので，本章では後者のセイの法則の見方を取り，供給側に注目していこう。

成長会計

　マクロ経済循環（図1-1）において，景気や有効需要を考える場合には，財・サービス市場の需要を構成する項目が重要であった。他方，長期の経済成長を考えるには，財・サービス市場よりも生産要素市場，そして財・サービスの供給能力に関わる労働と資本に注目することが重要である。また，図1-1に示されているようなフロー（流れ）よりもストック（蓄積）に注目し，それがどのように利活用されていくかを考える必要がある。

　ソローの新古典派成長モデルによると，経済成長は労働投入，資本投入と，これらの投入がどのくらい効率的に生産に使われるか（多要素生産性）によって説明される[39]。成長会計では，GDPの成長率をそれら3つの構成要素へと分解することにより，経済成長の潜在的な推進要因を特定する。

　1つ目の労働投入については，生産に使われる労働投入量（＝就業者数×労働時間）の増加がGDPの増加に寄与すると捉える。2つ目の資本投入については，生産に使われる資本投入量（＝資本ストック×稼働率）の増加がGDPの増加に寄与すると捉える。そして3つ目の多要素生産性（全要素生産性）は，GDPの増加のうち，労働投入の増加と資本投入の増加で説明できない部分であり，技術進歩による生産性向上（生産要素である労働や資本が使われる際の全体的な効率性の向上）が寄与したものとみなされる。

　以上のように捉えると，経済成長率は，労働投入，資本投入，多要素生産性のそれぞれの寄与度（貢献度）の和に等しい[40]。

　　経済成長率＝労働投入の寄与度＋資本投入の寄与度＋多要素生産性の寄与度
　　（実質GDP成長率）

さらに，第5章で登場した労働分配率と資本分配率を使うと，次式のように表すこともできる[41]。

---

39) Solow, R. (1957), "Technical change and the aggregate production function," *Review of Economics and Statistics*, vol. 39, no. 3, pp. 312-320.

40) たとえば，労働投入の寄与度が−3.1％，ICT資本投入の寄与度が0.2％，非ICT資本投入の寄与度が−0.1％，多要素生産性の寄与度が−2.6％であるとき，GDP成長率＝−3.1＋0.2−0.1−2.6＝−5.6（％）である。

$$経済成長率 = （労働分配率×労働投入の増加率）$$

$$+ （資本分配率×資本投入の増加率）$$

$$+ 多要素生産性の増加率（技術進歩率）$$

ここで労働分配率というのは，国民所得（要素費用表示）に占める雇用者報酬の割合であり，資本分配率というのは，国民所得（要素費用表示）に占める営業余剰・混合所得の割合であった。

日本の成長会計

　実際に日本の成長率について成長会計を行うと図10-1のようになる。先ほどは労働，資本，多要素生産性に分けていたが，ここでは資本をさらにICTに関係するものとそうでないものに分け，GDP成長率への寄与度を4つの部分に分けて示している。棒グラフが示すそれぞれの寄与度を足すと，必ず折れ線グラフが示すGDP成長率に等しくなっている。

　このグラフを見ると，労働投入は1990年代以降しばしばマイナスになり，

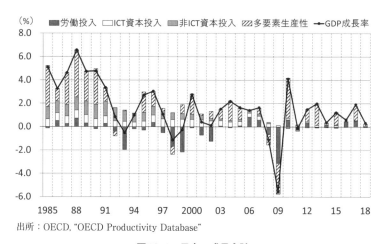

出所：OECD, "OECD Productivity Database"

図10-1　日本の成長会計

41）たとえば，労働分配率が70％であり，労働投入が前期比で5％増えたとき，労働投入の寄与度=0.7× 5＝3.5（％）である。

GDP成長を引き下げる要因であったことが分かる。資本投入については，GDP成長に常に寄与してきたが，その寄与度は次第に小さくなっている。特にICT資本と非ICT資本に分けて捉えると，1990年代の末以降は，非ICT資本よりもICT資本の方が寄与度が大きい。つまりICT関連の資本への投資の方がICT関連でない資本への投資よりも経済成長に繋がっていたということである。最後に多要素生産性に注目すると，1980年代はGDP成長に大きく寄与していたが，1990年代以降は減少し，しばしばマイナスになっていることが見てとれる。

2. 労働力人口と労働投入

労働投入の平均成長率

次に成長会計の1つの要素である労働投入について見ていこう。図10-2は，労働投入の平均成長率について，日本と諸外国に関して1980年代以降を5年ごとに示したものである。これを見ると，たとえば世界金融危機のあった2006〜2010年の期間には，平均成長率が著しく低下するかマイナスとなっている国が多く見られる。景気後退による失業者の増加は，労働投入の減少となるか

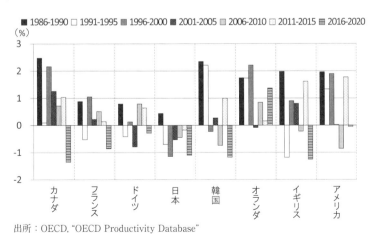

出所：OECD, "OECD Productivity Database"

図10-2　労働投入の平均成長率

らである。しかしながら，特に日本の場合は1990年代から始まって2000年代以降も労働投入が減少し続けており，諸外国と比べても特異な状況にあると言えよう。労働投入の成長率は平均するとマイナスの水準である。

産業別の就業者数と労働時間

　図10-3と図10-4は日本の就業者数と平均労働時間を産業別に示したもので

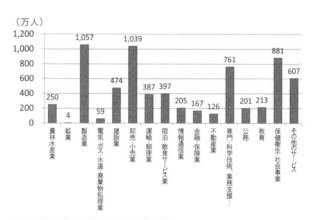

出所：内閣府「国民経済計算年次推計」

図10-3　産業別の就業者数（2020年）

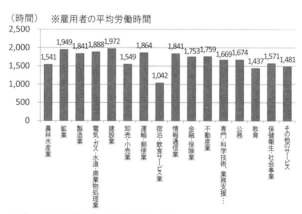

出所：内閣府「国民経済計算年次推計」

図10-4　産業別の労働時間数（2020年）

ある。ここに示されている産業別の就業者数をすべて足すと，総数としては
6,826万人である。労働時間について各産業の労働時間を平均すると，全体で
は1,685時間である。労働投入は就業者数×労働時間なので，このうちのいず
れかが大きくなれば増加することになるが，日本では働き方改革や非正規雇用
の増加によって労働時間は短くなっていく傾向にある。では，就業者数につい
てはどうだろうか。

日本の年齢区分別人口

　日本の総人口は2008年にピークを迎え，その後は減少を続けている。将来
人口の推計は出生率と死亡率をどの程度で見積もるかによって左右されるが，
いわゆる中位推計（出生率と死亡率がともに中程度の場合）で考えれば，図10-5
のように推移する。

　このグラフによれば，2095年頃には総人口は現在の約半分まで減少する。
一般に15〜64歳の人口は生産年齢人口と呼ばれ，主な稼ぎ手となる世代であ
る。それに対して，65歳以上の高齢人口と0〜14歳の年少人口は，生産年齢人
口に支えられることが多いため，従属人口と呼ばれる。経済成長を考えるとき

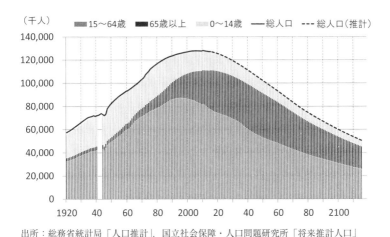

出所：総務省統計局「人口推計」，国立社会保障・人口問題研究所「将来推計人口」

図10-5　日本の年齢区分別人口

には生産年齢人口が重要であるが，1995年にピークを迎え，減少を始めた。グラフの全体を見ると，1970年代の前半までは，非生産年齢人口に対する生産年齢人口の比率が一貫して増加していた。人口ボーナスと呼ばれ，豊富な労働力を活用して急速な経済成長が可能な状況である。ところが1990年代後半以降は，非生産年齢人口に対する生産年齢人口の比率が一貫して減少している。人口オーナスと呼ばれ，労働力不足が経済成長の重荷となる状況である。

　少子高齢化による生産年齢人口の減少は，短期的には失業率の低下や賃金の上昇につながる可能性があるが，長期的に見ればいずれは労働力人口の減少によって潜在的な経済成長の妨げとなりうる要因である。

　ただし，第5章の図5-16で確認したように，15歳以上の人口の内訳と推移を見てみると，労働力人口はさほど減少していない。これは従来の労働力人口でなかった家事・通学・その他による非労働力人口の一部が労働力人口へと転じてきたためである。とは言え，今後，生産年齢人口がさらに減少していくことは明らかであり，今後も労働力人口を維持するには，学生・家事従事者・高齢者の労働参加をさらに促すか，外国人労働者の受け入れを進める等，何らかの対策を講じなければならない。

3. 資本形成と資本投入

資本投入の平均成長率

　次に成長会計のもう1つの要素である資本投入について見ていこう。図10-6は，資本投入の平均成長率について，1980年代以降，5年ごとに日本と諸外国について比較したグラフである。先ほどの労働投入についてのグラフとは縦軸の最大値が違うので注意されたい。これを見ると，時代とともに資本投入の成長率が低下する，伸び悩むという現象は各国で見られるが，諸外国と比べても日本の資本投入の成長率の低さは著しく，平均すると1％未満の水準である。

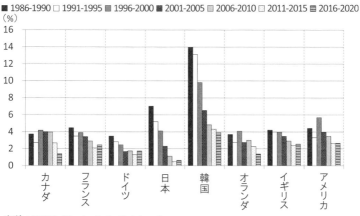

■ 1986-1990　□ 1991-1995　▨ 1996-2000　◩ 2001-2005　▨ 2006-2010　▨ 2011-2015　▤ 2016-2020

出所：OECD, "Productivity Database"

図10-6　資本投入の平均成長率

国民経済計算体系における総資本形成

　資本投入は支出面から見たGDP（図1-9）の総資本形成に相当するものである。民間・政府を問わなければ，総資本形成の全体でGDPの25.4％を占める。民間の投資としては民間住宅，民間企業の生産設備と在庫品増加，政府の投資

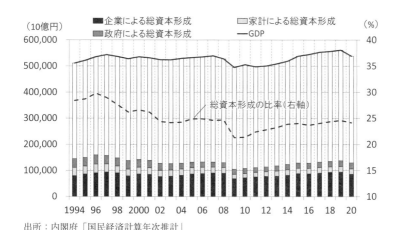

出所：内閣府「国民経済計算年次推計」

図10-7　国民経済計算体系における総資本形成

としては公的固定資本形成，公的在庫品増加があった。

　図10-7は，その総資本形成を時系列で捉えたものであり，企業・家計・政府による総資本形成の推移が示されている。実線の折れ線グラフはGDPの総額，点線の折れ線グラフはそのGDPに占める総資本形成全体の比率である。これを見ると，日本の総資本形成はリーマンショック，世界金融危機のあった2009年に急減したが，徐々に回復してきたことが見てとれる。内訳を見ると，景気後退によって落ち込んでいた企業による総資本形成が増加傾向にある。他方，家計による総資本形成や政府による総資本形成は1990年代と比べると減少している。これがフローで捉えた資本投入，総資本形成の状況である。

固定資本ストック速報

　資本投入をストックから見るためには，図10-8のように固定資本ストック速報を用いる。1年ごとで見たフローが図10-7のような状況であるので，公的固定資産は横ばいかわずかに増加，民間住宅に至っては減少しているが，民間の企業設備についてはリーマンショック以降，いったんは減少したものの回復を続けてきたため，ストックとしても増加傾向にある。

　ただし，このいずれについても老朽化が指摘されている。これらの老朽化が

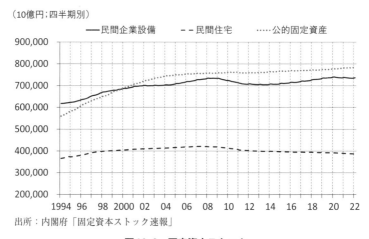

（10億円；四半期別）

図10-8　固定資本ストック

出所：内閣府「固定資本ストック速報」

進むと，それぞれ遊休設備の増加，空き家の増加，インフラの崩壊などにつながっていく恐れがあるため，今後も活用され付加価値を生み出していくためには，取捨選択したうえで適切な更新を行っていく必要がある。

4. 多要素生産性

多要素生産性の平均成長率

そして，成長会計の最後の要素である多要素生産性について見ていこう。多要素生産性とは，経済成長のうち労働投入と資本投入で説明できない部分のことであった。図10-9は多要素生産性の平均成長率について，1980年代以降，5年ごとに日本と諸外国を比較したグラフである。このグラフも先ほどの労働投入，資本投入のグラフとは縦軸の最大値が違うので注意されたい。グラフを見ると，やはり世界金融危機のあった2006〜2010年の期間に平均成長率が著しく低下した国が多く見られる。日本の多要素生産性は1980年代のバブルのときに著しく成長したが，1990年代になると成長率が低下し，リーマンショックの頃には平均0%近くまで低下した。その後，回復してきたものの，平均す

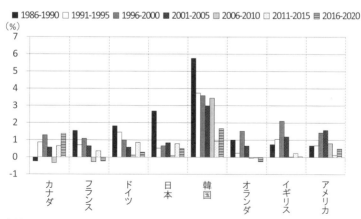

出所：OECD, "Productivity Database"

図10-9　多要素生産性の平均成長率

ると1％未満の水準に留まっている。

日本における特許等の出願件数

　多要素生産性が意味する技術進歩による生産性の向上は，非常に捉え難く，直接的には測定しづらいものである。そこで，間接的に技術進歩につながり得る要因として，まずは特許や研究開発の動向を見てみよう。研究開発の成果を示す特許の出願件数を見ると，近年は図10-10のように減少傾向にある。このグラフには技術進歩に直接関係しない意匠や商標の出願件数も含まれているので，総数としてはさほど減っていないように見えるが，特許の出願件数は明らかに減少している。これをもってして直ちに研究開発や技術進歩が滞っているということにはならないが，減少傾向が続いている状況は注視しなければならない。

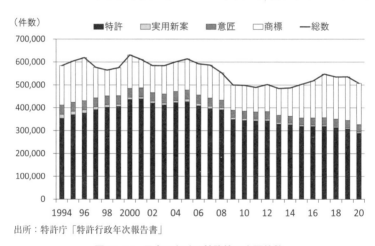

出所：特許庁「特許行政年次報告書」

図10-10　日本における特許等の出願件数

日本における研究費および研究者数

　他方，図10-11は日本における研究費と研究者数を組織別に示したものである。棒グラフで示されている研究費の推移をみると，1990年代から増加傾向にあった企業等の使用研究費は，リーマンショックによっていったんは減少したが，その後，再び回復基調にある。また，非営利団体・公的機関の研究費は

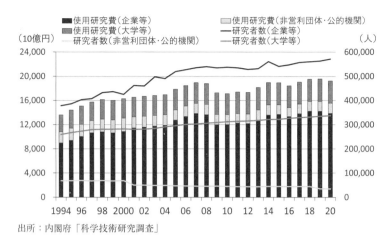

出所：内閣府「科学技術研究調査」

図10-11　日本における研究費および研究者数

わずかに減少し，大学等の研究費はわずかに増加している。他方，研究者数に
注目すると，企業等や大学等の研究者は徐々に増加しているが，非営利団体・
公的機関の研究者は徐々に減少している。非営利団体・公的機関における研究
費と研究者の減少は危惧されるものの，企業と大学，特に産学の連携による研
究が増えていくことが期待される。

日本の特定分野別研究費

　図10-12は，特に技術進歩が期待されている諸分野において，研究費がどの
くらい使われているかの内訳を示すものである。先ほどの図10-11と比べて研
究費の総額が少なくなっているのは，ここに含まれている企業が資本金1億円
以上のみ，なおかつ，ここに挙げられている8つの分野以外の研究がこのグラ
フには示されていないためである。これを見ると，この20年弱の間に環境分野，
ライフサイエンス分野，エネルギー分野，物質材料分野の研究費が増加してき
たことが分かる。他方でナノテクノロジー分野，宇宙開発分野，海洋開発分野
については，研究費がさほど増えておらず，今後の資本投入がさらに期待され
る分野であると言えよう。

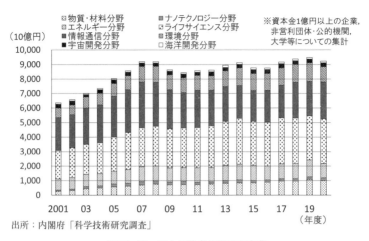

出所：内閣府「科学技術研究調査」

図10-12　日本の特定分野別研究費

5. 国民の意識

国民生活に関する世論調査

　ここまで経済成長を左右する要因について見てきたが，本書で繰り返し触れてきたように，経済動向を捉えるためには客観的・物理的側面だけでなく主観的・心理的側面も重要である。そこで，最後に国民は日本の経済に何を望んでいるのか，国民生活に関する世論調査から考えていきたい。国民生活に関する世論調査は，1963年から内閣府により実施され，1万人（2021年のみ郵送により3,000人）を対象としている。

　まず，去年と比べた生活の向上感については，図10-13のように70.2％の人が同じくらいと答え，25.9％の人が低下していると答え，3.6％の人のみが向上していると答えている。遡ってみると，生活が向上していると答える人の割合は第1次オイルショックのあった1973年の頃に著しく低下し，1990年代のバブル崩壊後にさらに低下していった。世界金融危機の後は徐々に回復していたが，新型コロナウイルス感染症の影響もあってか，2021年の調査結果では再び低下し，大抵の人は未だに生活の向上を実感できていないことが分かる。

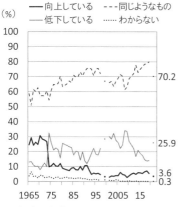

図10-13　去年と比べた生活の向上感	図10-14　今後の生活の見通し

出所：内閣府「国民生活に関する世論調査」（左）　出所：内閣府「国民生活に関する世論調査」（右）

　他方，今後の生活の見通しについては，図10-14において，64.4％の人が同じくらいと答え，27.0％の人は悪くなっていくと答えている。良くなっていくと答える人の比率は，第1次オイルショック，1973年の頃に急激に低下し，1990年代のバブル崩壊後にさらに低下した。1990年代以降，生活が悪化していくと思う人が増え，現在は6.6％の人のみが生活が良くなっていくと思っている。

　以上のように生活の向上感や見通しに関して，人々の捉え方は非常に暗いように思われる。しかしながら現在の生活の満足度について調べてみると，図10-15のように，44.3％の人が不満（「やや不満だ」または「不満だ」）である一方で55.3％の人が満足（「満足している」または「まあ満足している」）のようである。特に2021年には新型コロナウイルス感染症の影響もあってか，満足している人が減り，不満である人が増えた結果となったが，依然として過半数の人々が生活に満足している。生活の向上感や見通しが良くなくとも，現在の生活に満足している国民が多い。

　同じように現在の生活の充実感を尋ねてみると，図10-16のように，43.0％の人が充実感を感じていない（「あまり充実感を感じていない」または「ほとんど（全

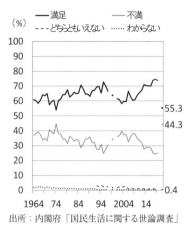

出所：内閣府「国民生活に関する世論調査」　出所：内閣府「国民生活に関する世論調査」

図10-15　現在の生活に対する満足度　　**図10-16　現在の生活の充実感**

く）充実感を感じていない」）一方で，55.5％の人は充実感を感じている（「十分
充実感を感じている」または「まあ充実感を感じている」）。ここでも新型コロナウ
イルス感染症の影響もあってか，2021年には充実感を感じている人が減り，
充実感を感じていない人が増えているが，過半数の人々は現在の生活に充実感
を感じている。

　多くの国民にとって生活が向上しておらず，これから良くなって行くとも思
われないにもかかわらず，現在の生活の満足度や充実感が高いのはなぜか。1
つの説明は，人々が何を求めているかということの変化である。同じ調査でこ
れからは心の豊かさか物の豊かさかについて尋ねてみると，図10-17のように
53.4％の人がこれからは心の豊かさやゆとりのある生活をすることに重きをお
きたいと答えている。そして，45.1％の人のみが，まだまだ物質的な面で生活
を豊かにすることに重きをおきたいと答えている。ただし，この質問はあくま
でも現状を基準にして個人が今後重きをおきたいことを答えているにすぎない
ので，これから先，今よりも物の豊かさが減って良いと考えているわけではな
かろう。また，2021年には物の豊かさに重きをおく回答も増えている。とは
言え，過半数の国民にとって物の豊かさがある程度飽和しつつあることは確か

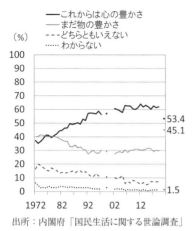

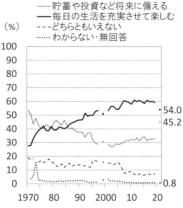

出所：内閣府「国民生活に関する世論調査」

図10-17　心の豊かさか，物の豊かさか

出所：内閣府「国民生活に関する世論調査」

図10-18　将来に備えるか，毎日の生活を楽しむか

であるように思われる。

　もう1つの説明は，現在と将来への重きの置き方，特に経済的な面に注目すれば，現在と将来の間の消費と貯蓄のバランスに変化が生じてきたのではないかということである。先ほどと同じ調査によると，図10-18のように，54.0％の人が貯蓄や投資など将来に備えるよりも，毎日の生活を充実させて楽しむと答えている。この傾向が強まったのは，1980年代の後半，日本経済が成熟しバブル経済になった頃であり，その傾向はバブル崩壊以降もずっと持続しているように見られる。他方，毎日の生活を充実させて楽しむよりも，貯蓄や投資など将来に備えると答える人は45.2％である。このような回答をする人は，やはり1980年代後半のバブル経済以降に減ったが，2000年代に入ってから徐々に増え，新型コロナウイルス感染症の影響によってか，2021年には急増している。

　将来の豊かさのために蓄財するのではなく，現在の暮らしのためにお金を使おうとするという傾向は，第3章で触れたライフサイクル仮説に基づいて考えれば，やはり高齢化を反映した結果であると思われる。しかしその中で，貯蓄や投資など将来に備える人が再び増えつつあるのは，日本経済の先行きや老後に対する不安が高まっていることの表れであるかもしれない。

《計算問題》

・ある年のGDP成長率への寄与度が下表の通りであるとき，前年比の
GDP成長率はいくつか。(ヒント：注40)

	労働投入	ICT資本投入	非ICT資本投入	多要素生産性
寄与度(%)	−3.1	0.2	−0.1	−2.6

(答え：−5.6%)

・ある年のGDP成長率への寄与度が下表の通りであるとき，前年比の
GDP成長率はいくつか。

	労働投入	ICT資本投入	非ICT資本投入	多要素生産性
寄与度(%)	0.6	0.2	−0.1	3.4

(答え：4.1%)

・労働分配率が70%であり，労働投入が前期比で5%増えたとき，今期の
GDP成長に対する労働投入の寄与度はいくつか。(ヒント：注41)

(答え：3.5%)

・資本分配率が30%であり，資本投入が前期比で5%増えたとき，今期の
GDP成長に対する労働投入の寄与度はいくつか。

(答え：1.5%)

あとがき

　本書を執筆している時点では，いまだ新型コロナウイルス感染症が収束を見せず，先行きが不透明な状況が続いている。これまで筆者は同ウイルスに市民権を与えまいと拙著のなかではあえて触れないようにしてきたが，今回ばかりはその存在に言及せざるを得なかった。本書に含まれている図表に如実に表れているように，新型コロナウイルス感染症が日本経済に及ぼした影響は著しく，一過性の出来事として済ませることはできないからである。長期的な影響の大きさもさることながら，日々の短期的な動向も移ろいやすく，私たちは未来の予測どころか現状の把握さえ困難な状況に置かれている。

　そのような状況の中で経営にかかわる意思決定を行うには，本書で示してきたようなマクロ経済循環の全体像と適切なデータへの注目が欠かせないが，本書の試みは筆者の力不足により未だ道半ばであると認めざるを得ない。日本経済について解説すべきトピックやデータは多々あるものの，紙幅の都合上，また，全体の繋がりを重視するあまり，一部に留めざるを得なかった。それでも本書がわずかながらでも，経営や経済に関心のある方のお役に立つことがあれば，筆者としては嬉しい限りである。

　本書の執筆中に支えてくれた家族には，過去数年間も含めて日頃の多忙をお詫びするとともに，改めて感謝しなければならない。執筆作業と校務の増加によって同居する家族にはますます迷惑をかけてしまっているが，妻はいつでも頭を抱えた筆者の相談に乗ってくれたし，5歳になった息子もこの「4冊目の本」の執筆を応援して笑顔で勇気づけてくれた。また，遠くで暮らす家族たちとの再会や悲しい別れも，筆者が人生の意味や目標を見つめ直す契機となり，日々の支えになっている。

　出版にあたっては，今回も学文社の編集者である落合絵理さんに大変お世話になり，多くの貴重なご助言とご支援をいただいた。筆者の作業の遅れにもか

かわらず，本書がこうして無事に書籍として世に出るのは，偏に落合さんはじめ本書の出版・流通に携わってくださった方々のお陰である。ここにすべての方のお名前を記すことはできないが，まずは株式会社学文社と新灯印刷株式会社の皆様に心からの謝意と尊敬の念を表したい。

2022年9月

三 上 真 寛

索　引

210

著者紹介

三上　真寛（みかみ・まさひろ）

明治大学経営学部准教授。明治大学経営学部卒業，北海道大学大学院経済学研究科博士後期課程修了，博士（経済学）。著書に『市場競争のためのビジネス・エコノミクス』（学文社，2022年），『ミクロ経済学：基礎へのアプローチ』（学文社，2020年），『マクロ経済学：基礎へのアプローチ』（学文社，2020年），訳書に『経済理論と認知科学：ミクロ的説明』（ドン・ロス著，長尾史郎監訳，学文社，2018年）など。

景気把握のためのビジネス・エコノミクス

2022年9月30日　第1版第1刷発行

著者　　三上　真寛

発行者　田中　千津子

発行所　㈱学 文 社

〒153-0064　東京都目黒区下目黒3-6-1
電話　03（3715）1501 ㈹
FAX　03（3715）2012
https://www.gakubunsha.com

印刷　新灯印刷㈱

ISBN978-4-7620-3182-3

三上真寛 著

ミクロ経済学
──基礎へのアプローチ
ISBN978-4-7620-2934-9　A5判/136頁

マクロ経済学
──基礎へのアプローチ
ISBN978-4-7620-2935-6　A5判/142頁

● 定価各2200円（本体2000円＋税10%）

経済学部以外の学生向けに編まれたミクロ・マクロ経済学テキスト。
高度な数式による展開は避け，豊富な図表とともに丁寧に解説。理論の前提や限界についても深く考察するように設計。入門書として社会人の学び直しにも最適。

市場競争のための
ビジネス・エコノミクス

三上真寛　著

● 定価2530円（本体2300円＋税10%）
　ISBN978-4-7620-3129-8　A5判/192頁

ビジネス，経営，企業行動をよみとくための「経済学」を学ぶ。経済理論と現実のギャップに留意しつつ，特に市場で企業が繰り広げる競争に関係する事項を概説。市場を捉え，企業の戦略的行動に生かすための経済学。

経済理論と認知科学
──ミクロ的説明

ドン・ロス 著／長尾史郎 監訳・三上真寛 訳

● 定価5940円（本体5400円＋税10%）
　ISBN978-4-7620-2794-9　A5判/536頁

意識，志向性，エージェンシー，セルフ，行動──経済学はこれらをどのように捉えるべきか。伝統的な経済理論の歴史と認知科学の最新の知見に基づいて，両者を結びつける正しい経済学のあり方を探求。